砥砺奋进 任重道远

——江苏省古籍保护事业发展 2007—2018

江苏省古籍保护中心（南京图书馆）编

国家图书馆出版社

图书在版编目（CIP）数据

砥砺奋进　任重道远：江苏省古籍保护事业发展：
2007—2018 / 江苏省古籍保护中心（南京图书馆）编. —
北京：国家图书馆出版社，2019.7

ISBN 978-7-5013-6750-4

Ⅰ. ①砥… Ⅱ. ①江… Ⅲ. ①古籍—图书保护—成就
—江苏—2007-2018 Ⅳ. ①G253.6-64

中国版本图书馆CIP数据核字 (2019) 第087669号

书　　名　砥砺奋进　任重道远：江苏省古籍保护事业发展：2007—2018
著　　者　江苏省古籍保护中心（南京图书馆）　编
责任编辑　王燕来　王佳妍

出版发行　国家图书馆出版社（北京市西城区文津街7号　100034）
　　　　　（原书目文献出版社　北京图书馆出版社）
　　　　　010-66114536　63802249　nlcpress@nlc.cn（邮购）
网　　址　http://www.nlcpress.com
排　　版　爱图工作室
印　　装　北京中华儿女印刷厂
版次印次　2019年7月第1版　2019年7月第1次印刷

开　　本　787×1092（毫米）　1/16
印　　张　13.5
字　　数　250千字

书　　号　ISBN 978-7-5013-6750-4
定　　价　168.00元

目　录

江苏省古籍保护事业发展研究
（代序）

　　江苏是中华文化的重要发祥地之一，历史悠久，文化底蕴深厚。独特的地理优势和深厚的文化底蕴，给江苏留下了丰厚的文献典籍。一代代藏书家接力涌进、薪火相传，为中华典籍的积累、保存、整理和传播做出了巨大贡献。这些珍贵的文献典籍数量庞大，分布广泛，内容丰富，是保存江苏文化、延续江苏文脉的重要文献资源，在江苏文化和中华文明的薪火传承中起着重要作用。省委、省政府历来高度重视古籍保护，在各地、各有关部门和全社会的共同努力下，全省古籍保护工作取得了显著成绩，但是仍然存在着现存古籍底数不清，古籍老化、破损严重，古籍修复手段落后，保护和修复人才匮乏等问题。自2007年国家正式启动"中华古籍保护计划"以来，江苏古籍保护工作扎实推进，持续发展，谱写了江苏古籍保护事业发展的新篇章。

江苏古籍存藏特点

一、从藏书源流看，私家藏书是公共图书馆藏书的重要来源

　　在中国的藏书史上，据统计，中国历代有藏书家5045人。其中，浙江有藏书家1139人，江苏有藏书家998人，江苏占全国藏书家总数的19.78%。苏州有藏书家277人，占全国藏书家的5.49%，在全国藏书地区

中排名第一。在江苏的历史上，曾经产生了许多闻名中外的藏书家和藏书楼。在当今许多大型图书馆中，仍然能够见到许多藏书家的珍贵典藏。许多著名的藏书家，如盛宣怀、丁福保、赵诒琛等都向图书馆捐赠过大批图书。这些私家藏书扩充了图书馆的馆藏，提高了图书馆的声誉，扩大了图书馆的影响，对近代图书馆的发展起到了积极作用。

江苏省级公共图书馆——南京图书馆，古籍藏量为 160 万册，古籍的主体来源于浙江丁氏八千卷楼的绝大部分藏书。此外还有范氏木樨香馆、陈群泽存书库、朱希祖郦亭和顾氏过云楼的私家藏书，它们也成为南图现存古籍的重要组成部分；明清以来，苏州常熟成为中国私家藏书的中心之一，出现了以钱谦益为代表的具有辐射和影响力的虞山藏书流派。民国四年（1915）常熟图书馆开始创建，常熟图书馆第一任馆长、铁琴铜剑楼的后人瞿启甲，以及藏书家徐兆玮、张鸿、丁祖荫等，纷纷将家藏图书捐出，常熟图书馆在建立之初，就得到常熟藏书家的大量捐献；1916 年，中国近代史上著名的实业家荣德生创办了大公图书馆。1956 年，荣氏家族将其创办的大公图书馆的 6 万余册藏书以及私人珍藏 5 万余册古籍线装书捐赠无锡市图书馆，丰富了馆藏乡贤著述和地方资料，成为无锡图书馆的特色馆藏；1912 年，清末状元、近代实业家、教育家张謇先生创建了南通图书馆，将自己的 8 万册藏书捐赠给图书馆，并带动了其他私人捐赠图书 5 万多册。中华人民共和国成立后，南通图书馆又接受了藏书家孙儆的万余册藏书；镇江市图书馆的现存古籍中，有藏书家丁传靖的 4000 多册珍藏；中国科学院南京地理湖泊研究所藏的珍贵古籍方志，主要来源于藏书家王体仁的 2000 多种方志图书。

二、图书馆事业的繁荣发展，为江苏古籍的传承和保护创造了条件

江苏是全国最早创办公共图书馆的省份之一。清光绪三十三年（1907），两江总督端方创建了具有近代公共图书馆意义的江南图书馆。当时，缪

荃孙受端方委派，以 73000 元巨款，购买浙江丁氏八千卷楼的整体藏书计 60 万卷，使之成为江南图书馆的基本馆藏，既充实了江南图书馆的藏书，又保全了八千卷楼藏书的完整性，避免了八千卷楼藏书的散佚流失。民国以来，江苏各地开始兴办图书馆。20 世纪 20 年代，江苏省内各级图书馆（包括县乡级）达 90 个，有江苏省立国学图书馆、江苏省立第二图书馆（苏州）、江苏省立镇江图书馆等一批规模较大的图书馆。在经费方面，江苏早期公共图书馆经费包含在教育经费之内，民国十九年（1930）至民国二十五年（1936），江苏教育经费占行政支出的 20% 以上，其中，社会教育经费占整个教育经费的 10% 以上，比例为当时全国第一。图书馆充足的经费、完备的馆舍为图书馆事业的发展和古籍的保存传承提供了保障。

许多藏书家与江苏图书馆事业的发展有着密切的关系。在藏书家中，常州的盛宣怀、江阴的缪荃孙、无锡的丁福保等人，都曾经考察过国外的图书馆，了解图书馆的功能与作用。有不少藏书家直接参与了公共图书馆的建设，如江南图书馆第一任馆长缪荃孙、坐办陈庆年，南通图书馆的创办人张謇、常熟图书馆第一任馆长瞿启甲等，他们既是图书馆的创办者又是图书馆的管理者，在图书馆藏书的采购访求、目录编制、版本鉴定、书库保存等方面都有着很深的造诣，对图书馆的发展有着独到的见解。他们在江苏近代图书馆的建设中发挥了积极作用。

中华人民共和国成立后，各级各类型图书馆对流散在社会上的古籍也是尽力接收、征集与收购。中华人民共和国成立初期，南京图书馆接收泽存书库普本线装书 35 万余册、苏南区文物管理委员会线装书 1 万多部。20 世纪 60 年代接收著名历史学家朱希祖藏书 2 万多册。1991 年收购苏州顾氏过云楼藏书 3000 余册，其学术价值与文物价值仅次于八千卷楼珍贵古籍。进入 21 世纪以来，特别是近三年来，南京图书馆通过购买、竞拍等途径，购进了一批珍贵古籍，充实了馆藏。

三、从古籍藏量看，数量位列全国之首，古籍收藏单位集中

据普查统计，江苏共有古籍 450 多万册，分布在 156 家收藏单位，其中 420 万册古籍集中收藏在省内 21 家图书馆、博物馆，其他 30 万册古籍则零星分布在其他 10 多家收藏单位。

在全省古籍收藏单位中，古籍藏量在 10 万册以上的有 12 家单位。南京图书馆古籍藏量达 160 万册，在全国名列第三，全省第一；在高校系统中，古籍主要集中收藏在 4 家大学图书馆，其中南京大学图书馆古籍藏量 40 万册，苏州大学图书馆 15 万册，南京师范大学图书馆 12.6 万册，扬州大学图书馆 10 万册；公共图书馆中，无锡市图书馆藏 30 万册古籍，名列全省第三；在博物馆中，全国第三大博物馆——南京博物院古籍藏量达 18 万册。

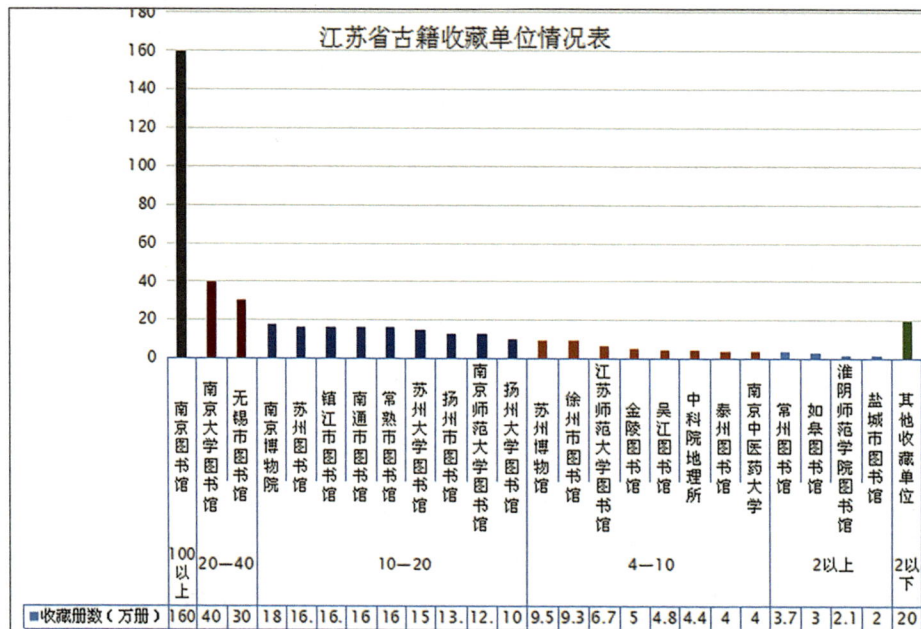

江苏省古籍收藏单位情况表

	南京图书馆	南京大学图书馆	无锡市图书馆	南京博物院	苏州图书馆	镇江市图书馆	南通市图书馆	常熟市图书馆	苏州大学图书馆	扬州市图书馆	南京师范大学图书馆	扬州大学图书馆	苏州博物馆	徐州市图书馆	江苏师范大学图书馆	金陵图书馆	吴江图书馆	中科院地理所	泰州图书馆	南京中医药大学	常州图书馆	如皋图书馆	淮阴师范学院图书馆	盐城市图书馆	其他收藏单位
收藏册数（万册）	160	40	30	18	16.	16.	16	16	15	13.	12.	10	9.5	9.3	6.7	5	4.8	4.4	4	4	3.7	3	2.1	2	20

分组：100以上 | 20—40 | 10—20 | 4—10 | 2以上 | 2以下

四、从区域分布看，南京以及苏南、苏中地区是古籍收藏主要地区

从古籍收藏的地区来看，位于省会南京市的南京图书馆、南京大学图书馆、南京博物院、南京师范大学、南京中医药大学、金陵图书馆等多家单位的藏量共达 240 万册，占全省藏量的 53% 以上。由于南京图书馆的前身为江南图书馆和国立中央图书馆，故传承了 160 万册的古籍，占全省藏量的 36% 和南京地区的 67%；苏州地区是中国经济最发达的区域之一，明清以来一直位居中国的藏书中心。苏州图书馆、苏州大学图书馆、苏州博物馆、常熟图书馆、吴江区图书馆藏量达 62.8 万册，占全省藏量的 14%；扬州地区的扬州市图书馆、扬州大学图书馆藏量23.2 万册，占全省的 5.15%，镇江、南通、徐州古籍藏书各占全省藏量的 3.5%。

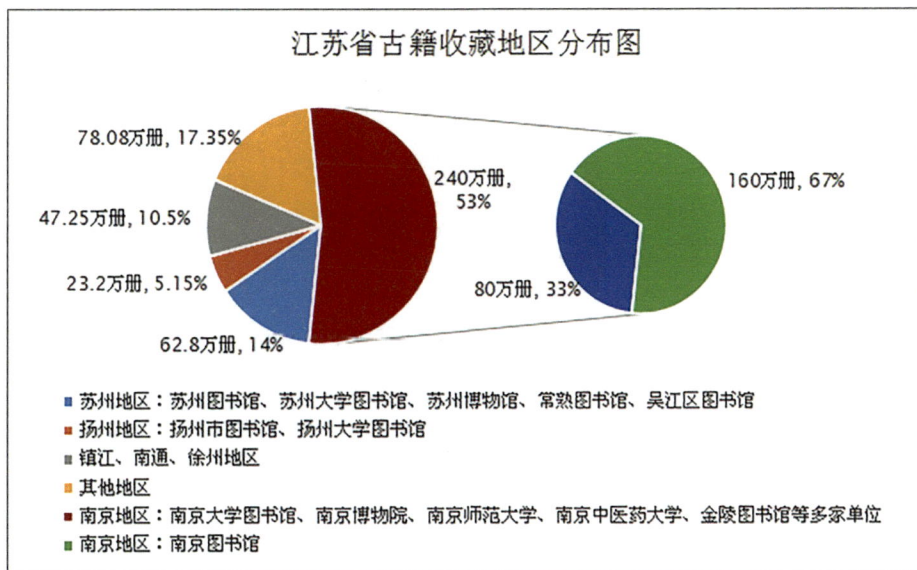

江苏省古籍收藏地区分布图

78.08万册，17.35%
47.25万册，10.5%
23.2万册，5.15%
62.8万册，14%
240万册，53%
160万册，67%
80万册，33%

- ■ 苏州地区：苏州图书馆、苏州大学图书馆、苏州博物馆、常熟图书馆、吴江区图书馆
- ■ 扬州地区：扬州市图书馆、扬州大学图书馆
- ■ 镇江、南通、徐州地区
- ■ 其他地区
- ■ 南京地区：南京大学图书馆、南京博物院、南京师范大学、南京中医药大学、金陵图书馆等多家单位
- ■ 南京地区：南京图书馆

　　五、从行业分布看，公共图书馆是古籍的主要收藏单位，高校图书馆、博物馆其次

　　在近代中国图书馆事业发展史上，江苏公共图书馆的数量、业务建设和社会服务一直处于全国领先地位。因此，公共图书馆成为江苏古籍的主要收藏单位，全省公共图书馆藏古籍 320 万余册，占全省藏量的 71%。高校图书馆藏 90 万余册，占全省藏量的 20%，科学院系统图书馆收藏 4.4 万余册，占全省藏量的 1%。博物馆藏 27.5 万余册，占全省藏量的 6%。

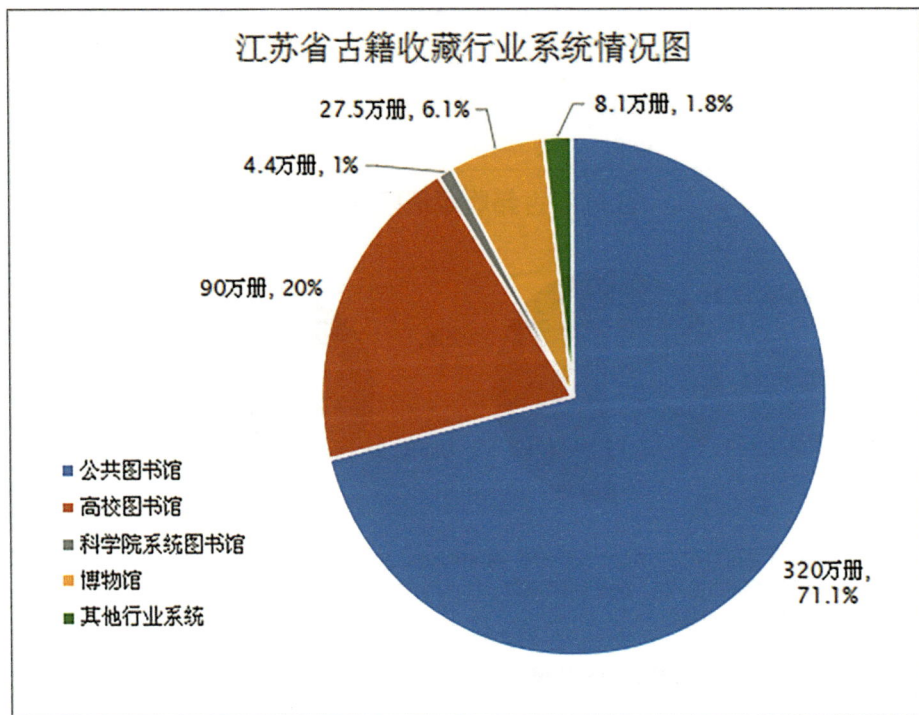

江苏古籍保护事业成绩显著

2007 年 1 月，国务院办公厅印发《关于进一步加强古籍保护工作的意见》，正式启动"中华古籍保护计划"，这是中华人民共和国历史上首次由国家主持开展的全国性古籍保护文化工程。2007 年 9 月，江苏省人民政府办公厅也印发了《江苏省人民政府办公厅关于进一步加强古籍保护工作的意见》。十多年来，随着国家"中华古籍保护计划"的实施，江苏在古籍普查、修复、整理、利用，以及古籍人才培养和古籍出版整理研究等方面取得了一系列令人瞩目的成果。

一、古籍保护与抢救方面

1. 摸清古籍家底，夯实业务基础。2012 年起，江苏全面开展古籍普查工作。通过普查，对全省境内的古籍收藏情况进行彻底调查和登记，摸清全省古籍收藏家底，突破了过去从目录到目录，不与馆藏进行核对的传统普查模式。在普查的基础上，出版了各家单位的古籍普查目录，建立全省完整统一的目录体系，全面掌握了全省古籍的数量、分布、保存现状等基本情况，为进一步加大古籍保护力度提供了依据，为建立覆盖全省的古籍保护体系创造了条件。截至 2018 年底，全省已有 137 家单位完成了古籍普查任务，古籍书目数据量达到 25 万余条。江苏已完成 99% 的古籍普查任务，古籍普查数量和书目数据总量位居全国同级范围首位。

2. 建立保护制度，实行分级管理。一是积极推动国家级和省级珍贵名录的评审工作。在国务院已经公布的五批《国家珍贵古籍名录》12274 部的珍贵古籍中，江苏省共有 1295 部珍贵古籍入选，南京图书馆有 524 部珍贵古籍入选，分别达到全国总量的 10.6% 和 4.3%。二是开展江苏省级珍贵古籍名录评审工作。江苏省人民政府分别在 2009 年公布了全省第一批

珍贵古籍名录（1588 部）和全省古籍重点保护单位（20 家）、2010 年公布了全省第二批珍贵古籍名录（555 部）和全省古籍重点保护单位（1 家）、2012 年公布了全省第三批珍贵古籍名录（249 部），2018 年公布了全省第四批珍贵古籍名录（414 部）。至 2018 年底，全省四批珍贵古籍名录达 2806 部。

3. 改善存藏条件，加强书库建设。全省古籍收藏单位都不同程度地新建或改建了古籍库房，改善了保管条件，推动了书库的标准化建设。目前江苏省古籍书库共有 110 个，总面积达 22358 万平方米。在国务院先后命名的 180 家"全国古籍重点保护单位"中，江苏省有 21 家古籍收藏单位入选，达全国总量的 11.67%。在积极组织省内各单位参加全国古籍重点单位评选的同时，江苏省文化厅和省古籍保护中心也开展了省古籍重点保护单位和省古籍保护单位的评比工作。至 2018 年底，全省古籍重点保护单位有 22 家，全省古籍保护单位 25 家。

4. 加快古籍修复，推进原生性保护。全省建立古籍修复室 25 个，总面积达 1655 平方米。至 2015 年底，全省共修复古籍 32156 册。2016 年，南京图书馆对历史文献修复中心进行升级改造，改造后的历史文献修复中心总建筑面积达 1000 平方米，在建筑面积、功能布局、设施设备等方面，达到国内一流水准。2017 年，南京图书馆启动了两部国家一级珍贵古籍的修复工程，并以此带动全省修复水平和修复能力的全面提升，发挥南京图书馆作为国家级修复中心在全省的引领与示范作用。2018 年，国家级古籍修复传习中心江苏传习所在南京图书馆成立。至此，江苏省已有南京大学图书馆、金陵刻经处、南京图书馆三家国家级修复传习所。

二、古籍的整理再造与开发利用

1. 加强整理出版和古籍数字化，促进古籍开发利用。充分发挥古籍在学术研究和文化建设方面的积极作用，加强古籍的整理影印出版和数字化工作。至 2015 年底，全省参与或出版整理影印的古籍达 841 种，其中多个项目成为国家重点古籍整理项目、国家出版基金资助项目。在《金陵全书》《无锡文库》《扬州文库》《泰州文库》等政府文化项目的编制中，图书馆发挥了重要的文献保障作用。江苏省古籍保护中心连续出版了五批江苏省入选国家珍贵古籍名录图录，集中展示江苏省入选国家级珍贵古籍名录的基本情况。南京图书馆编辑出版的《南京图书馆馆藏稀见方志丛刊》获得江苏省第十三届哲学社会科学一等奖。在古籍数字化方面，全省共完成 200 多万拍古籍的数字化拍摄工作。2018 年，在国家图书馆倡导下，南京图书馆、苏州图书馆、镇江市图书馆、泰州市图书馆等联合发布全文古籍数字资源近千余部。

2. **依托重大文化科研项目，提升研究水平**。各收藏单位积极承担省、市重大古籍整理科研项目。2014 年，江苏省古籍保护中心牵头全省各古籍收藏单位，申报江苏省社会科学重大基金项目《江苏经籍志》，获得立项。在该项目的基础上，2016 年，南京图书馆积极组织全省多家单位，参与重大文化工程"江苏文脉整理与研究"，并承担了《江苏文库·书目编》编制任务。至 2018 年底，《江苏经籍志》已基本完成课题任务，得到业内专家的肯定与好评。这些全省性的科研项目，为研究江苏地域文化奠定了文献基础，为江苏建设文化强省提供了文献资源保障，同时也提升了古籍工作者的研究能力和业务水平。

3. **普及古籍保护知识，增强全社会保护意识**。利用举办大型专题展览、系列知识讲座、古籍修复展示等方式，加大对古籍保护工作的宣传力度，普及保护知识，展示保护成果，培养公众的保护意识，营造全社会共同保护古籍的良好氛围。多年来，江苏省古籍保护中心举办多种精品展，如"十一五古籍保护成果展""过云楼藏书合璧展"以及"中华古籍保护计划"成果宣传推广——江苏站活动等。2018 年，由国家古籍保护中心、中国古籍保护协会指导，江苏省文化和旅游厅、新华书店

总店主办，南京图书馆（江苏省古籍保护中心）、江苏省图书馆学会古籍整理与文献保护专业委员会、国家图书馆出版社、图书馆报共同承办的"册府千华——2018 江苏省藏国家珍贵古籍特展"、《沈燮元文集》《南京图书馆藏稀见书目书志丛刊》首发式、"传承·融合·发展"2018 古籍整理与保护学术研讨会成功举办。此外，省内南京大学图书馆、苏州图书馆、金陵图书馆、镇江图书馆等多家单位也举办专题展览，在展览的同时，配合古籍修复、雕版印刷、碑帖传拓等古籍技艺互动体验等宣传活动，走进校园、面向社会，彰显了古籍保护在促进经济发展、推动社会进步、拓展人文交流中的积极作用。

三、古籍保护人才的培养

1. 壮大人才队伍，提升综合水平。"中华古籍保护计划"实施以来，江苏省古籍保护从业人员由计划实施前的 30 多人发展到 200 多人，副高级以上职称达 40 人。在人才培养方面，一是举办在职培训班。省古籍保护中心坚持每年举办两期古籍保护工作培训班，至 2018 年，已举办至 21 期，培训人员达 800 多人次，培训内容涵盖古籍普查、古籍修复、古籍编目等方面。二是开展国家级古籍修复技艺传习中心江苏传习所的师带徒培训模式。南京大学图书馆、南京金陵刻经处、南京图书馆均设有"国家级古籍修复技艺传习中心江苏传习所"，成为江苏培养古籍修复人才的又一重要基地。

2. 加强学历教育，培养高层次人才。在古籍修复专业人才培养方面，江苏一直走在全国前列。南京莫愁中等专业学校、金陵科技学院、南京艺术学院已经形成中专、大专、本科和研究生古籍修复专业培养体系；南京大学、南京图书馆、南京博物院、中国第二历史档案馆等单位也向学校提供了专业教师，充实和提高了古籍修复专业的师资力量。2011 至 2015 年，南京莫愁中等专业学校、金陵科技学院、南京艺术学院培养古籍修复专业毕业生约 700 人，向国内古籍保护单位持续输送了大批专业人才。

3. 建立古籍保护志愿者队伍。古籍保护志愿者是参与古籍保护事业的一支重要社会力量。目前，江苏古籍保护志愿者主要来自于南京艺术学院、金陵科技学院的文献修复专业的大学生，在省古籍保护中心专家的指导下，江苏古籍保护志愿者先后参与了栖霞寺、宜兴图书馆、淮安市图书馆、江苏省委党校图书馆、江苏省社会科学院图书馆、南京市委党校图书馆等单位的古籍普查工作，完成了近 4 万余册的古籍普查，在全省古籍普查中发挥了重要作用。江苏古籍保护志愿活动具有志愿者队伍专业稳定、志愿活动能够持续长期开展、志愿者不仅参加文化系统古籍普查，而且跨系统、跨行业参加古籍普查等特点。

江苏省古籍保护事业发展特点

江苏古籍资源藏量丰富，古籍保护任务艰巨，古籍保护人才缺乏。多年来，全省古籍保护工作者砥砺奋进，不懈努力，取得了较大成绩，并且始终使江苏古籍保护事业走在全国前列。江苏古籍保护事业有以下发展特点：

一、强化省中心职能，协调推进全省工作。在古籍保护工作中，充分发挥省中心组织协调、普查、修复、管理监督、研究咨询、培训传播等职能。2009 年，江苏省机构编制委员会正式下发《关于南京图书馆增挂江苏省古籍保护中心牌子的批复》（苏编〔2009〕8 号），同意南京图书馆增挂"江苏省古籍保护中心"牌子，主要负责全省古籍普查登记工作、汇总古籍普查成果、建立全省古籍联合目录，承担全省古籍保护业务指导、培训等的

具体工作，同时负责本馆古籍的保护、修复、整理、出版、研究和利用工作。多年来，省中心积极作为，与全省教育、科研、文博、档案等系统的古籍收藏单位建立了良好的业务关系，相关工作均能得到全省的积极响应与配合支持，具有较强的凝聚力与影响力，也培养了一批思想品德优良、业务能力强、在省内外有影响的专业人才。省中心坚持全省古籍保护工作年会制度，总结和部署全省古籍保护工作；充分发挥古籍保护专家委员指导作用，分别在 2008 年和 2014 年，两次组织专家赴全省重点古籍收藏单位，进行实地检查与指导；为进一步调动全省古籍保护工作者的积极性，在 2011 年和 2016 年，省中心在全省范围内表彰奖励先进单位和先进个人；对于省财政专项古籍保护经费，省中心统一规划管理，合理安排，全部投入全省古籍保护工作；对于国家古籍保护中心布置的各项工作，积极组织，认真落实。

二、创新工作思维，拓展工作方式。根据江苏古籍保护工作特点，开拓新的工作方式。一是在古籍修复方面，采用劳务派遣方式，引进南京莫愁中等专业学校古籍修复专业毕业生，参与南京图书馆古籍修复工作，避开了人员编制问题，增强了南京图书馆作为国家级修复中心的修复力量；二是在古籍普查方面，对于古籍藏量小、业务基础薄弱的单位，省中心采用三方联动机制，通过举办古籍培训班的方式，由省中心、基层单位和志愿者三方联动，有效地帮助相关单位完成普查。通过这种方式，已经完成了十多家单位的普查工作。

三、整合区域资源，增强人才培养合力。南京是全国唯一培养具有修复专业中专、大专、本科和研究生学历的地区。南京莫愁中等专业学校、金陵科技学院率先在全国设立大中专、本科学历的古籍修复专业，南京艺术学院也相继设立了本科与研究生学历的相关专业，南京地区形成了较为完整地从中专到研究生学历的修复专业人才培养体系。省古籍保护中心根据这一地域优势，牵头与南京艺术学院、金陵科技学院以及莫愁中等专业学校，积极联合三家院校合作申报并入选"国家古籍保护中心人才培训基地"。省内院校和古籍收藏单位联合开设古籍编目、版本鉴定、古籍修复方面课程，为古籍保护事业的可持续发展奠定了人才基础。

四、健全工作机制，助推长效发展。加强工作机制保障，明确责任分工。一是强化江苏省古籍保护专家委员会的指导作用。多年间，已成立了两届古籍保护专家委员会，扩大了古籍保护影响，在全省古籍名录和全省古籍保护单位评审，以及工作督导方面发挥了积极作用；二是在江苏省图书馆学会下成立了古籍整理与文献保护工作委员会，开展了江苏省图书馆学会课题申报、学术年会、学术评奖等活动，增加古籍保护方面的学术研讨，推动全省古籍保护的学术研究。

在取得成绩的同时，江苏古籍保护事业仍然存在一些问题。一是认识不足，一些单位还没有认识到古籍保护的重要性、紧迫性和责任感，还没有把中华古籍保护计划列为重要工作。二是古籍保护体制不够健全，跨系统、跨行业的古籍保护工作推进较为困难。三是古籍保护经费投入不足，高水平古籍保护专业人才紧缺。

五千年来，我国流传下来的各种历史文化典籍浩如烟海，这是中华文明特有的重要标志，是中华民族的宝贵财富，在保护和传承中华民族优秀传统文化方面发挥着独特作用。作为古籍大省，江苏古籍保护事业任重道远，我们将会付出更大的努力，为江苏古籍保护事业的持续深入发展做出应有贡献。

　　　全　勤（南京图书馆副馆长、江苏省古籍保护中心主任）

　　　　　2018 年 12 月

江苏省古籍保护事业发展综述

江苏省古籍保护事业发展综述

  2007 年开始，国家正式启动"中华古籍保护计划"，江苏省借由来自国家层面的助力，加之江苏自身的文化底蕴，在古籍保护与抢救、古籍整理与利用、古籍人才的培养、古籍宣传与推广诸方面取得了前所未有的成就。

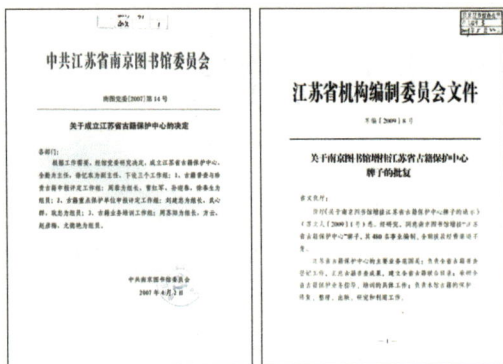

2007 年 8 月 21 日，江苏省政府副秘书长唐建，省文化厅副厅长、南京图书馆党委书记马宁在全省公共图书馆工作会议上为江苏省古籍保护中心揭牌

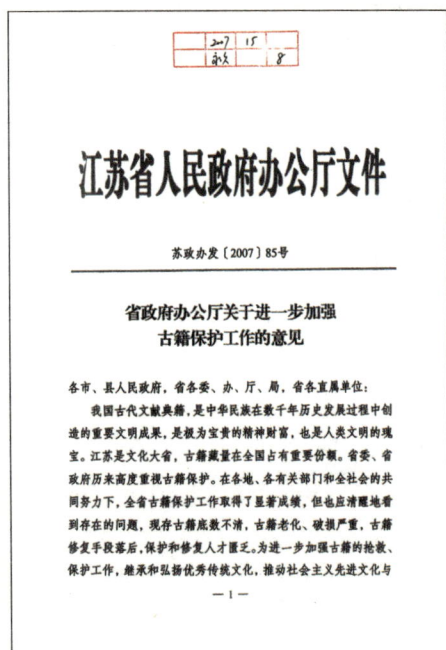

2013 年江苏省文化厅调整了江苏省古籍保护工作专家委员会成员

一、古籍保护与抢救

自"中华古籍保护计划"实施以来，在江苏省古籍保护中心的协调指导下，全省各古籍收藏保护单位在古籍保护与抢救方面取得了长足进步，多项成绩在全国处于领先地位。

2009年9月25日，在南京图书馆举办了全省古籍保护工作座谈会。省古籍保护厅际联席会议成员单位联络员，省古籍保护专家委员会委员，各省辖市文化局社文处处长、全省13个省辖市公共图书馆馆长，国家级、省级古籍重点保护单位以及全省部分古籍收藏单位的领导共60余人参加了会议。本次会议上对进一步推动全省古籍普查工作、做好珍贵古籍名录申报、古籍保护平台的运行及培训、第二批国家珍贵名录的出版等相关工作的实施进行讨论

2010年6月23日，江苏省古籍保护工作会议在南京召开。来自省内国家级、部分省级古籍重点保护单位、古籍收藏单位的分管领导和古籍部主任共40余名代表参加了会议。本次会议重点对《中华古籍总目·江苏卷》编撰方案进行讨论

2015年6月16日，在南京召开全省古籍保护工作会议，来自全省各古籍收藏单位代表近百人参加会议，会议总结全省古籍普查登记工作正稳步推进，有17家单位已完成古籍普查登记工作，相关单位交流了普查经验

2018年1月12日，在南京中医药大学举办了"江苏省古籍保护事业发展十周年纪念座谈会暨2018年江苏省古籍保护工作会议"。来自江苏古籍重点保护单位共40余位代表参加了会议。会议总结了江苏省古籍保护事业十年发展成果，明确2018年江苏将全面完成古籍普查登记工作，启动全省古籍联合目录的编纂；建立《江苏省古籍保护单位修复室建设标准》；推进《江苏经籍志》和《江苏文库·书目编》的工作，2018年完成《江苏经籍志》结项；加快古籍数字化成果发布平台的建设等多项工作任务

古籍普查　摸清家底　普查统计，江苏共有古籍 450 多万册，位列全国之首。分布在 156 家单位中，其中 21 家是国家级古籍重点保护单位。南京以及苏南、苏中地区是古籍收藏的主要地区，公共图书馆是江苏古籍主要收藏力量。截至目前，已有 137 家单位完成古籍普查任务，古籍书目数据量达 25 万余条。

金陵图书馆古籍普查

南京图书馆古籍普查

扬州市图书馆古籍普查

省古籍保护中心派志愿者去淮安市图书馆开展古籍普查

南京市六合区图书馆古籍普查

淮安市淮安区图书馆古籍普查

常州市金坛区图书馆古籍普查

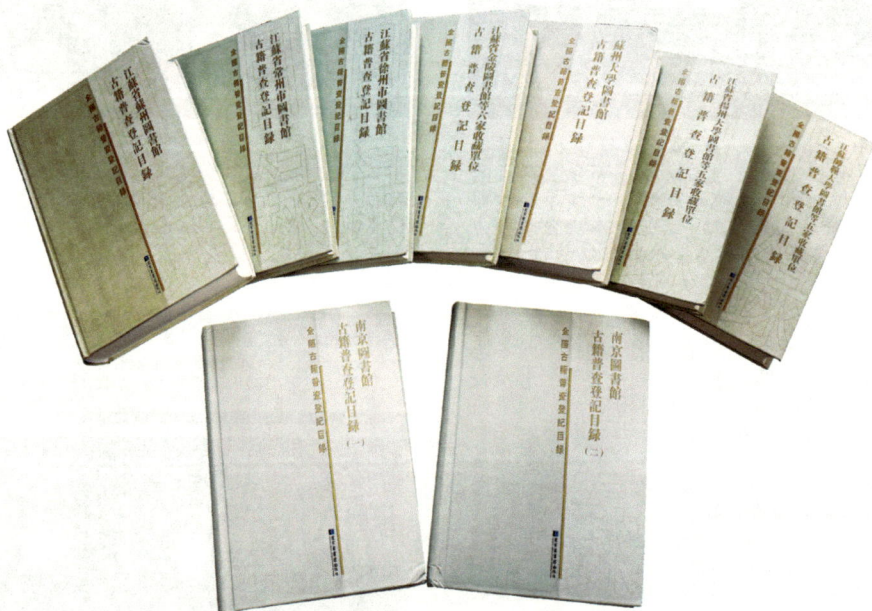

江苏省古籍普查登记目录出版

分级保护　精准管理　江苏省古籍保护中心积极推动国家级和省级珍贵古籍名录评审工作，以对古籍实行分级保护，精准管理。

组织专家鉴定、评审珍贵古籍

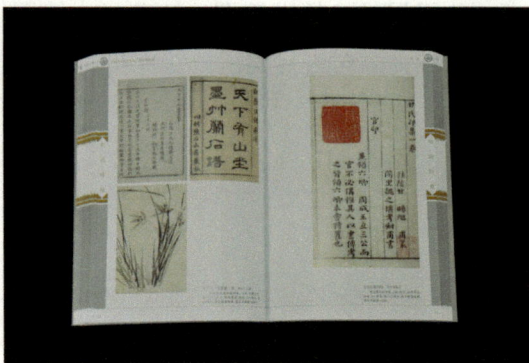

江苏省一至五批国家珍贵古籍名录图录

徐州市图书馆 2011 至 2017 年，每年投入 10 万元古籍保护专项经费，用于书库设施和保护设备的购置。先后制作一批楠木书盒，使国家珍贵古籍和部分江苏省珍贵古籍得到妥善放置

为了加强对馆藏珍贵古籍的保护利用，2014 年，苏州市吴中区图书馆特意定制了一批楠木书盒，同时购买了芸香草驱虫护书

存藏条件　规范严格　在推动古籍书库的标准化建设进程中，全省古籍收藏单位陆续新建或改建了古籍库房。目前，全省古籍书库共有 110 个，总面积达 2.2358 万平方米。

2008 年 4 月，国家古籍保护中心督导组来我省考察

2014 年 7 月，国家古籍保护中心督导组到泰州市图书馆考察

2008 年、2014 年、2017 年分别组织专家对全省古籍收藏单位实地考察并督导评比

2015 年江苏省古籍保护会议上，南京图书馆馆长徐小跃向"江苏省古籍保护单位"授牌

2016 年全省古籍保护工作会议上颁发古籍保护先进单位证书

2015 年，南通市图书馆新馆正式开放，古籍专用库房达 900 平方米，阅览室 400 平方米，另设古籍修复室等专用场所

2015 年，淮阴师范学院图书馆建成古籍书库，面积达 150 平方米，库内配备有恒温恒湿调控系统、火灾智能报警及消防喷淋联动控制系统、高清监控摄像系统等

老馆古籍库房

新建古籍库房

2017 年，苏州市吴中区图书馆按《图书馆古籍书库基本要求》的标准，建成新的古籍库房，改善古籍存放条件

老馆古籍库房

2015 年，宜兴市图书馆建成现代化古籍书库，大大改善了古籍存藏条件

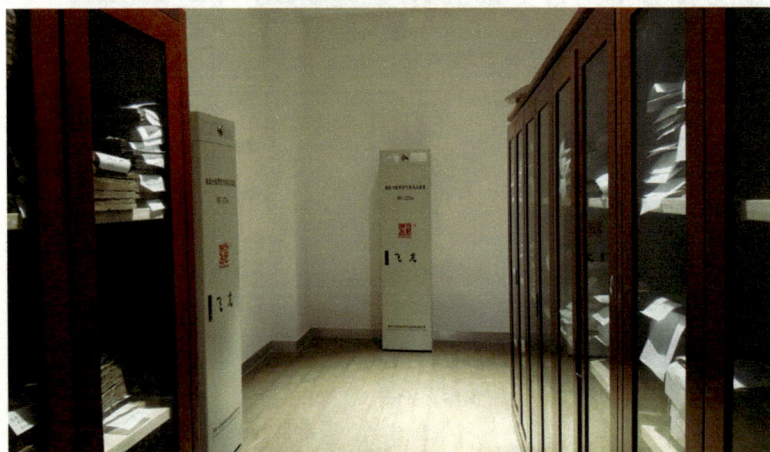

新建古籍库房

古籍修复　良工尽艺　　为推进古籍原生性保护，全省共建立古籍修复室 25 个，总面积达 1655 平方米。其中南京图书馆作为国家级修复中心，其中心总建筑面积达 1000 平方米。全省共修复古籍 3 万余册。

南京图书馆定制的宣纸

传统修复

喷水

装订纸捻

金陵图书馆古籍修复成果展示

南京图书馆古籍修复
成果展示

扬州大学图书馆古籍修复
成果展示

2016 年 12 月，南京图书馆历史文献修复中心完成升级改造，总建筑面积达 1000 平方米，是目前国内面积最大的古籍专业修复室之一

南京博物院"古籍文献修复室"，主要开展院藏古籍善本的保护及科学研究

吴江图书馆古籍修复室

2012 年 3 月，美国亨廷顿图书馆馆长科布里克参观南京图书馆修复中心

2013 年 3 月，文化部原副部长、国家图书馆名誉馆长周和平考察南京图书馆文献修复室

2013 年 3 月，全国古籍版本专家及古籍修复专家参观南京图书馆修复室

2016 年 1 月，文化部"国家级古籍修复中心"督导组莅临南京图书馆进行督导

二、古籍整理与利用

江苏省古籍收藏单位充分发挥古籍在学术研究和文化建设方面的积极作用，在存藏基础上，大力加强古籍的整理影印出版和数字化工作。

数字影印　化身千百　全省参与或出版整理影印的古籍已近千种，其中多个项目成为国家重点古籍整理项目、国家出版基金资助项目。在古籍数字化方面，省内多家图书馆均开发了地方特色古籍数据库；全省共完成 200 多万拍古籍的数字化拍摄，南京图书馆完成了近 1 万部古籍的数字化拍摄工作。

南京师范大学图书馆数字化工作

《南京大学图书馆藏古籍珍本丛刊·稿钞本卷》

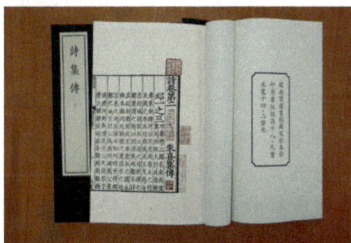

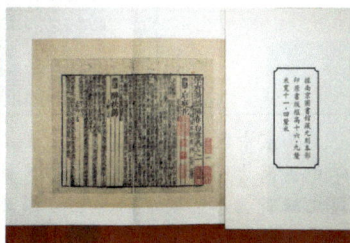

南京图书馆参与的《中华再造善本》项目

2014 年，苏州图书馆出版《苏州图书馆藏古籍善本提要》，揭示了馆藏善本的文献特征及资料价值。还有三部善本参与了《中华再造善本》项目，并影印出版了馆藏善本《重刊明心宝鉴》一书

《南京图书馆藏稀见方志丛刊》

《南京图书馆藏未刊稿本集成》

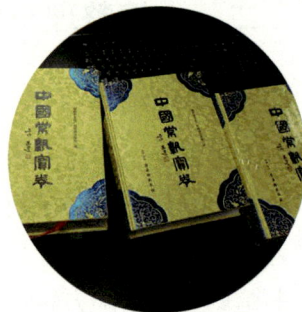

常熟市图书馆《中国常熟宝卷》

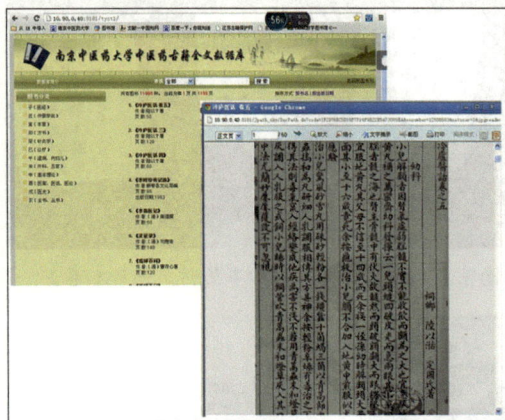

南京中医药大学图书馆建成《南京中医药大学中医药古籍全文数据库》，另外建有《气功古籍文献数据库》《中药炮制专题库》《江苏特色医学流派专题资源数据库》等特色专题平台

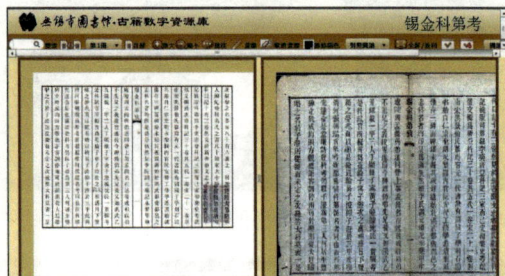

近 10 年来，无锡市图书馆已先后建成《无锡市图书馆馆藏家谱目录》《无锡市图书馆馆藏地方志目录》等 9 种书目数据库和《无锡市图书馆馆藏古籍全文数据库》

扬州大学图书馆影印本馆所藏明正德七年（1512）刻本《京口三山志》

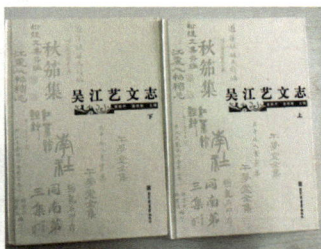

吴江图书馆在 2009 年申报了"吴江历代作者概况及其作品研究"的社科类课题，经过三年的努力，于 2012 年编纂出版了《吴江艺文志》

2013 年 6 月，由常州市图书馆编辑，凤凰出版社出版的《常州古地图集》面世

2018 年 7 月，苏州博物馆出版了《苏州博物馆藏古吴莲勺庐戏曲抄本汇编》

依托项目　提升水平　2014 年，江苏省古籍保护中心牵头全省各古籍收藏单位，申报江苏省社会科学重大基金项目《江苏经籍志》获得立项。2016年，该项目参与到重大文化工程"江苏文脉整理与研究"中。这些全省性的研究项目，为研究江苏地域文化奠定了文献基础，为江苏建设文化强省提供了文献资源保障，同时也提升了古籍工作者的研究能力和业务水平。

江苏省社会科学基金重大项目《江苏经籍志》立项通知书

论证会现场

徐小跃馆长总结讲话

全勤副馆长主持

尚庆飞教授发言

徐兴无教授发言

双传学教授发言

江庆柏教授发言

程章灿教授发言

姜小青社长发言

2015 年 4 月 17 日，江苏省社会科学基金重大项目《江苏经籍志》专家论证会召开

2016年2月4日，由江苏省委省政府直接领导、省委宣传部具体组织实施的"江苏文脉整理与研究工程"正式启动

2018年4月4日，《江苏经籍志》中期成果专家论证会在南京图书馆召开

三、古籍人才的培养

"中华古籍保护计划"实施期间，省古籍保护中心坚持以培训办班或建立传习所等形式，加强古籍人才的梯队建设。在古籍专业人才培养方面，江苏一直走在全国前列。

人才培养 成果斐然 全省至今已举办了 21 期古籍保护事业培训班，培训人员达 800 多人次，培训内容涵盖古籍普查、古籍修复、古籍编目等方面。在南京图书馆、南京大学图书馆及金陵刻经处还设有"国家级古籍修复技艺传习中心江苏传习所"，以师带徒的模式培养古籍修复高级人才。依托南京莫愁中等专业学校、金陵科技学院、南京艺术学院的古籍修复专业，整合公共图书馆与高校之间的合作办学力量，江苏每年都向国内古籍保护单位输送大批各级专业人才。

举办多期古籍保护工作培训班

2016 年 7 月 21 日，江苏省古籍保护中心（南京图书馆）、南京艺术学院人文学院承办的古籍保护与修复技艺非遗传承人普及培训班开班

古籍修复技艺指导

南图古籍专家指导编目

学员积极交流

学员作品

2016 年 12 月 27 日，国家级古籍修复技艺中心金陵刻经处传习所成立

2015 年 6 月 10 日，国家级古籍修复技艺传习中心江苏传习所揭牌仪式在南京大学仙林校区杜厦图书馆举行

2018 年 5 月 11 日，国家图书馆副馆长张志清、南京图书馆馆长徐小跃为江苏传习所揭牌

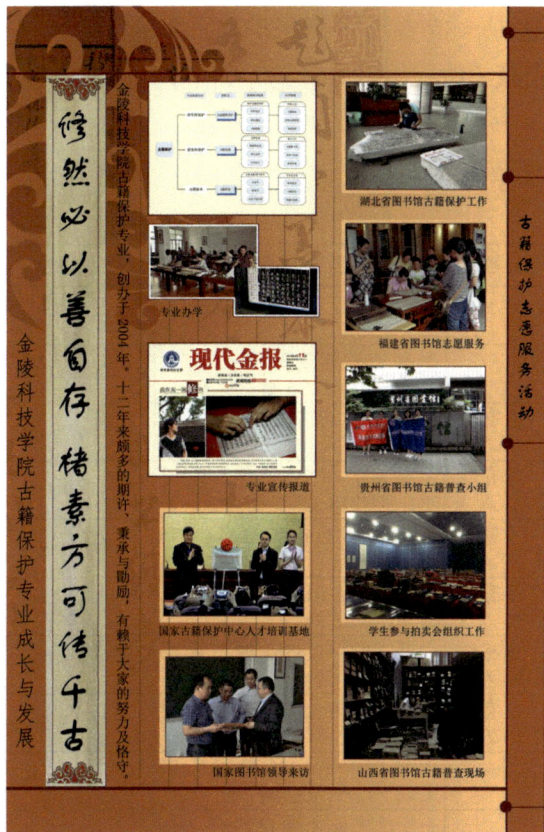

江苏省古籍保护人才培训基地——金陵科技学院

江苏省古籍保护人才培训基地——南京市莫愁中等专业学校

江苏省古籍保护人才培训基地——南京艺术学院

江苏省古籍保护中心入选首批国家古籍保护中心人才培训基地。图为2014年，以国家图书馆副馆长张志清为组长的专家组考察江苏省古籍保护人才培训基地之一的莫愁中等专业学校

志愿服务 合作共赢 古籍保护志愿者是一支参与古籍保护事业的重要社会力量。江苏省古籍保护中心、志愿者与古籍收藏单位三级联动，跨系统、跨行业进行古籍普查，在古籍保护事业中成效显著。

江苏省古籍保护志愿者活动一览表：

批次	时间	地点	志愿者人数	普查数量	善本数量
01	2015.11—2016.10	南京栖霞寺	20	46296 册	
02	2016.11	南京市鼓楼区图书馆	30	古籍 156 部 2139 册、民国文献 56 部 1196 册	20 部 409 册
03	2016.11（第十七期培训班）	宜兴市图书馆	30（注：另有培训班学员 25 人）	古籍 1401 部 7163 册，民国未编	88 部 620 册
04	2016.12（第十八期培训班）	淮安市图书馆	15（注：另有培训班学员 25 人）	古籍 727 部 7930 册，民国 287 部 2218 册	75 部 573 册
05	2016.12（第十八期培训班）	淮安市淮阴区图书馆	15（注：另有培训班学员 25 人）	古籍 12 部 114 册，民国 6 部 29 册	3 部 23 册
06	2016.12（第十八期培训班）	淮安市涟水县图书馆	15（注：另有培训班学员 25 人）	古籍 22 部 218 册、民国文献 10 部 25 册	无
07	2017.03（第十九期培训班）	常州市武进区图书馆	40（注：另有培训班学员 13 人）	古籍 1309 部 8562 册，民国 345 部 755 册	63 部 370 册
08	2017.03（第十九期培训班）	常州市金坛区图书馆	40（注：另有培训班学员 13 人）	古籍 359 部 1259 册，民国 244 部 422 册	8 部 32 册
09	2017.06	江苏省社科院图书馆	9	古籍 259 部 1945 册、民国文献 243 部 932 册	24 部 277 册
10	2017.06	江苏省委党校图书馆	6	一阶段完成古籍 1823 部 7269 册，民国 283 部 5738 册	215 部 2479 册
11	2018.06	南京师范大学	14	327 部 1874 册（包括民国 240 部）	

古籍保护志愿者进行古籍普查

编目现场

江苏省古籍保护中心专家对古籍保护志愿者进行培训

江苏省古籍保护中心专家带队并指导

普查整理后的古籍

古籍保护志愿者合影

志愿者感言

金陵科技学院梅雪：在古籍整理中难免会遇到一些问题，例如有的藏书因为年代久远，从而缺页残页，分不清其确切的朝代以及版本等等，这个时候我们为了准确性，往往会翻阅大量的资料，在各种古籍网站上查询、对书影，尽量将一本书的信息做到最完善。与此同时，我们也见到了平时在学校里没有机会见到的珍贵古籍，收获颇多。

金陵科技学院刘丛义：从2016年暑假开始，就陆续地参加一些普查活动。古籍普查面对大学生志愿者，特别是我们专业的学生开放，是一个非常好的实践机会。大学前两年，我对未来，对今后要从事的职业也很茫然。可就是那几次普查之后，好像能摸到一点边了，也就成了现在的我。所以说，你了解自己喜欢的东西的同时，就是你了解自己的一个过程。

金陵科技学院陈一芝：古籍整理工作的基础，就是辨别版本。每一本书上，都留着那个时代给它的烙印，从字体、装帧、再到纸张的材质，每一处都有着专属于那个时代的年轮。我们的整理工作便要从这些入手。但刻本、活字本的区别为何？石印本和铅印本的分别何在？我对于此，是一头雾水。作为一个古籍修复专业的学生，在这一刻，我觉得有些羞愧。

这些似乎都是最基础的东西吧，如果连这些最基本的问题都要去问老师的话，会不会很丢人？这样的想法，在我的心头盘旋了许久。最后终于鼓起勇气问了老师，然而在等待回复的过程中，依旧是忐忑不安。很害怕会让老师觉得这是一个十分幼稚的提问。然而从网络的另一端收到江苏省古籍保护中心老师的回复，却是十分的细致，丝毫没有为我这种基础得不能再基础的问题动气，甚至鼓励我有不懂的地方多多提问。那一刻，我的心里暖暖的。

21

四、古籍宣传与推广

　　江苏各古籍收藏单位，通过举办大型专题展览、系列知识讲座、古籍修复展示等方式，大力宣传古籍保护事业，普及保护知识，展示保护成果，培养公众的保护意识，营造全社会共同保护古籍的良好氛围。比如联动全省古籍收藏单位举办"中华古籍保护计划"成果宣传推广——江苏站活动，活动同时配有古籍修复、碑帖传拓等古籍技艺互动体验；举办"册府千华——江苏省藏国家珍贵古籍特展""过云楼藏书合璧展"，南京中医药大学图书馆"历代本草知多少——本草古籍展"以及南艺"中华古籍保护名师讲堂"等等。通过系列宣传活动，彰显了古籍保护在促进经济发展、推动社会进步、拓展人文交流中的积极作用。

2007 年底，南京图书馆举办百年珍藏文献展

2012 年 2 月，无锡图书馆举办"无锡入选《国家珍贵古籍名录》书展"

2009 年 3 月，南京图书馆和常熟市图书馆合作举办家谱图片展

2012 年 4 月 23 日，由镇江市图书馆组织的"古籍展览校园行"活动在江苏大学校园成功举办，由工作人员现场演示的雕版印刷术更是引起了中外学子的浓厚兴趣

    2014年6月14日，晚清著名词学家陈廷焯嫡孙陈光裕、陈昌、陈光远先生，代表家族将祖父陈廷焯之著作《词则》《白雨斋词话》两部手稿本及《骚坛精选录》残稿无偿捐献给南京图书馆。南京图书馆副馆长全勤代表南京图书馆接受赠书并回赠荣誉赠书证

2013年，南京图书馆举办"馆藏文献图片展——中国传统游艺集粹"

现场演示印刷技艺

    2014年10月22日至11月21日，南京图书馆（江苏省古籍保护中心）举办"册府千华——江苏省藏国家珍贵古籍特展"。共展出了200部善本，包括宋元旧椠、皇室刻书、名家手稿等

2016 年 5 月，金陵图书馆特藏部联合江苏真德拍卖有限公司，带领大家将视野转向古籍这一现代生活中难得接触的领域

2016 年 6 月，南京图书馆举办馆藏古琴文献展和"高山流水曾有意，松风溪雨尽涤尘"的古琴文化体验活动

2016 年 4 月，南京图书馆举办"老子文献展"

2017 年 4 月 20 日，南京中医药大学图书馆在读书节活动中举办"历史上的医患关系"展

2017 年 5 月 17 日，南京中医药大学图书馆举办"历代本草知多少——本草古籍展"

2017 年 12 月，南京图书馆举办"江苏省古籍保护事业十周年工作成果回顾展"

　　2017年10月，淮阴师范学院图书馆精选馆藏近2000张拓片中的乌金拓、木拓、名人书帖、摩崖拓片、朱拓等珍稀拓片十余种，举办"木石流韵——馆藏拓片精品图片展"，让广大学生读者能够近距离地感受传统文化的魅力

2017年11月，苏州图书馆举办"苏州版刻牌记展"

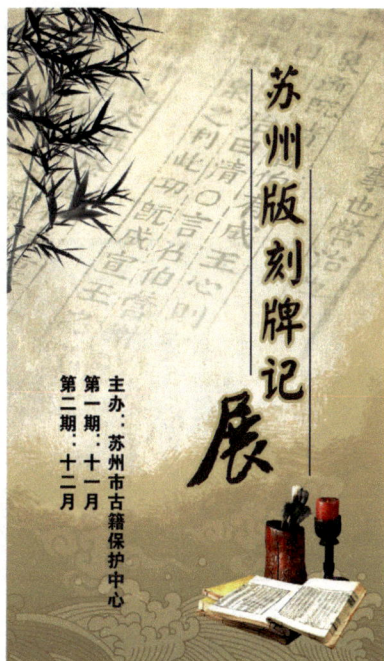

2018 年 11 月，南京图书馆举办"册府千华——江苏省藏国家珍贵古籍展"

2018 年暑假，常熟图书馆举办"雕版印刷进课堂"活动

南京图书馆古籍修复中心举办多场"古籍探秘"活动，让小读者们近距离感受古籍实物、体验古籍修复氛围

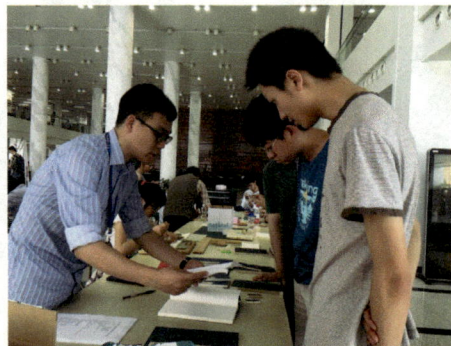

2016 年 6 月，南京大学图书馆举办"指尖上的记忆——非遗进校园活动"，向学生介绍古籍装帧形式

江苏省全国古籍重点保护单位工作概览

南京图书馆

　　南京图书馆历史悠久，底蕴深厚。溯其源流，一为清末两江总督端方建立的江南图书馆，一为 1933 年国民政府时期筹建的国立中央图书馆。江南图书馆几经更名，尤以江苏省立国学图书馆名声最大，在柳诒徵等著名学者的主持引领下，成为江南学术阵地，丁氏八千卷楼藏书更成为其后身南京图书馆最基础、最重要的古籍馆藏之一。国立中央图书馆部分藏书的归并又进一步充实了南京图书馆历史文献的收藏。如今，南京图书馆继承百年基业，沿袭藏书传统，历经几代人的苦心经营和不懈努力，最终形成了蔚为大观、独具风格的南京图书馆古籍文献收藏体系。

　　从藏书规模看，南京图书馆目前位列亚洲第四、全国第三，为国家一级图书馆，首批全国古籍重点保护单位。现有历史文献 230 万册，其中古籍 160 万册，包括善本 1.2 万余部 14 万册。特色藏品有唐代写本，辽代写经，敦煌遗书，宋、元、明、清历代写印珍本等。南京图书馆古籍保护工作以 2007 年"中华古籍保护计划"的启动为开端，至今已越年，以历史文献部

南京图书馆是江苏省省级公共图书馆，国家一级图书馆，是江苏省文献信息资源保障与服务中心

书库

开展古籍普查

为主要建设阵地，着眼保护，落实服务，在古籍珍藏、修复、整理、研究、数字化、宣传等领域不断探索新路、扎实推进，取得了阶段性的重大进展。

改善存藏条件　加强书库建设　2007年南京图书馆新馆落成开放，160万册古籍迁入设施完备、安全无虞的现代化古籍书库，古籍保管条件得到全面改善和提升。独立成区的现代化书库设有四个大库、三个小库，总面积达3500平方米，具有优良的密闭性和保温隔热功能，防盗防震功能良好，并配备独立恒温恒

国学馆

湿精密空调机组。书库采用无窗设计，照明选择T8光源，降低紫外线对书籍的伤害程度。书库使用先进的智能型密集式书架，用樟木原板作书架隔板。安装火灾自动报警系统和二氧化碳（气体）自动灭火系统，设有24小时监控报警系统，确保安全。库房制定了《历史文献部书库管理办法》《历史文献部典藏组人员工作职责》等规定，实行专人管理，确保书籍安全。

创新工作机制　提升修复水平　2008年至今，南京图书馆积极开展历史文献修复的基础设施建设、人才培养、古籍修复、课题研究、宣传推广等工作，取得一定成果。南京图书馆每年完成古籍修复约200册，其中不乏若干珍贵古籍的修复。并与金陵科技学院、南京莫愁中等专业学校古籍修复中心和南京中友图书文化有限公司等相关单位通力合作，通过古籍劳务人员派遣和古籍修复外包的方式，进一步扩大修复影响力。2009年，南京图书馆入选首批国家级古籍修

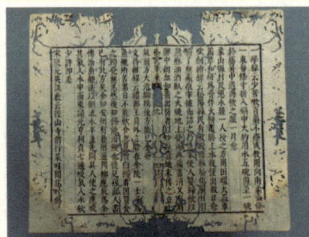

古籍修复前后对比

修复工作区

专用纸库

2018 年 5 月 24 日，来自"一带一路"35 个国家的 43 名青年代表参观国学馆

复中心；2014 年，被文化部授予"全国古籍保护工作先进单位"；2015 年，获国家二级可移动文物修复资质。2016 年，升级改造后的历史文献修复中心，总建筑面积 1000 平方米，在建筑面积、功能布局、设施设备、业务水平等方面均有大幅度提升，综合水平达国内一流水准。2017 年，南京图书馆召开"南京图书馆珍贵古籍修复方案专家论证会"，专家组一致通过了南京图书馆珍贵古籍修复方案。今后修复研究成果的出版将为珍贵古籍修复提供范例。自 2014 年起，南京图书馆历史文献部每年利用寒暑期举办"古籍探秘"活动，引导小读者了解古籍，宣传古籍修复工作，助力传统文化的全民性保护。

摸清古籍家底　增加原本收藏　南京图书馆目前基本完成全国古籍普查登

以南图藏本为底本的首批《中华再造善本》

《国民政府司法公报》

《南京图书馆藏过云楼珍本图录》

《南京图书馆藏稀见方志丛刊》

《南京图书馆藏未刊稿本集成》

国家图书馆副馆长张志清、南京图书馆馆长徐小跃为江苏传习所揭牌

记工作，共计完成普查 86800 部。截至 2016 年底，已有 524 部古籍入选前五批国家珍贵古籍名录，783 部入选前四批江苏省珍贵古籍名录。南京图书馆历来重视历史文献原本的收集入藏工作，近几年来，在古籍专场拍卖会上成功竞拍历史文献原本 20 余种。在已有馆藏的基础上，竞拍入藏国宝级北宋刻本《礼部韵略》。2014 年，接收捐赠陈廷焯珍贵古籍手稿《白雨斋词话》十卷、《词则四集》二十四卷、《骚坛精选录》，前两种均入选第二批国家珍贵古籍名录。

促进古籍整理　再造与开发利用　在再生性保护方面，南京图书馆持续开展

古籍数字化工作，参与全国公共图书馆文献缩微规划、中华再造善本工程、中华珍贵典籍资源库等国家级重大项目建设，将存世甚少的文献化身千百，免于失传之忧，又便于读者查阅；整理珍贵馆藏古籍文献，陆续出版《南京图书馆藏稀见方志丛刊》《民国政府司法公报》《南京图书馆藏稀见书目书志丛刊》《霞晖渊映——南京图书馆藏过云楼珍本图录》《南京图书馆藏未刊稿本集成》等各类书籍，参与完成《金陵全书》《无锡文库》《广州大典》《子藏》《扬州文库》等重要文化项目的编撰；配合国家古籍保护中心做好《中华再造善本》、中华珍贵典籍资源库、"中国珍贵典籍史话丛书"、国家珍贵古籍名录中古籍题跋整理项目等国家级古籍整理项目。2016 年，我馆作为主要参与单位承接了重大文化工程"江苏文脉整理与研究"中《江苏文库·书目编》的编制任务。

提高古籍服务层次　重视古籍保护与宣传　为继承江苏省立国学图书馆的国学特色传统，弘扬中华优秀传统文化，

经 2016、2017 年两度扩建后的国学馆以全新的姿态向公众开放。面积达 8000 平方米的国学馆以原古籍阅览室和民国阅览室的藏书为基础，新添了原专题阅览室"新国学"类书籍、地方文献类书籍等资源，形成"古今兼具""原始文献和研究文献并存"的资源体系。除纸质藏书专区外，国学馆还提供丰富数字资源：《中国基本古籍库》《中国谱牒库》等多个古籍与民国时期文献的专题数据库，与本馆珍贵历史文献原本数字扫描资源、历史文献缩微胶片一起，进一步充实国学馆的藏书资源体系。同时，国学馆还举办各类书籍展览、编写专题导读书目、开展读者活动，将阅览、研究、展呈、互动有机融合，真正成为推广经典优秀文化的基地与窗口。

重视古籍保护宣传。在 2010 年首届南图阅读节中，举办"南京图书馆馆藏十大珍品古籍"展览和评选活动，受到社会广泛关注，此后每年南图阅读节都根据当年主题筹办相关展览。另外，以"全省'十一五'古籍保护成果展"为契机，评选江苏省古籍保护单位先进集体和先

2013 年举办"过云楼藏书合璧展"

2007 年举办"百年珍藏文献展"

进个人，拍摄制作古籍保护宣传片"芸香书影"以扩大古籍保护的影响。举办"百年珍藏——南京图书馆馆藏古籍珍本展"、过云楼藏书合璧展、中华古籍保护计划成果展、"册府千华——江苏省藏国家珍贵古籍特展"等一系列有重大社会影响的展览。每年江苏省内相关媒体对南图古籍保护工作都有专题报道。

重视人才培养　提高科研水平　近十年来，南京图书馆不断补充和壮大古籍保护人才队伍，历史文献部新进具有本科以上学历的在编人员十多名。目前南京图书馆古籍保护专项工作岗位分设古籍编目、文献修复、文献数字化、文献阅览与咨询、文献典藏、文献数字资源开发。通过强化专业培训和加强业务交流，逐渐建立起一支古籍保护工作的中坚力量。

　　加大古籍课题研究力度与深度。在古籍修复领域，2012年顺利完成江苏省文化厅科研课题《民国文献生存状态研究》（12YB07），取得阶段性研究成果《民国时期文献酸化研究报告》。2014年与南京博物院合作，开展已成功申报的国家科技部课题《近现代文献批量脱酸关键技术及集成应用》的相关研究。2014年，《江苏经籍志》获选江苏省社会科学基金重大项目，为我馆首次成功申报的江苏省社会科学重大基金项目。该课题以江苏历史文献的载体和价值为研究内容，深化江苏省内典藏文献的相关研究，实现对江苏历代文献的梳理与把握。南京图书馆将继续依托重大文化科研项目，整合省内各方资源，发挥龙头馆的引领作用，带出一批人才队伍，形成研究合力，打造文化精品，为今后江苏地域历史文化资源的保护研究、开发利用，夯实基础。

（供稿人：南京图书馆　张小仲）

2013年举办"中国传统游艺集粹展"

2014年举办"中华古籍保护计划成果展"

金陵图书馆

金陵图书馆现有馆藏古籍 5 万余册，善本 4000 余册。另外，还藏有较为珍贵的清末及以前碑刻拓片 3000 余通。在这些馆藏古籍中，有很多特色藏品：南京地方文献古籍，两色和多色套印本、活字本、插图本、蓝（朱）印本等。随着"中华古籍保护计划"的实施，我馆认真贯彻落实国家和省里关于加强古籍保护工作相关会议和文件精神，积极部署和推动金陵图书馆古籍保护和整理的各项工作。

建立健全古籍保护制度 我馆历来重视规范化管理，制定了各种业务管理规章制度：《金陵图书馆线装古籍书库管理制度》《金陵图书馆馆藏古籍和珍本文献管理规定》《金陵图书馆中文古籍图书著录细则》《金陵图书馆古籍采购管理制度》等。这些制度对古籍的保存和使用做出了明确规定，确保古籍的安全。

改善古籍保存环境 我馆坚持对古籍进行分级保护，使保护更有针对性。目前，古籍的两个库房总面积达 740 平方米，其中古籍库

700 平方米，善本库 40 平方米。善本库设施完备，具有中央空调系统、温／湿度监测仪器、空气净化装置、防紫外线措施、零下 40 摄氏度低温冷冻消毒杀虫设施、火灾自动报警系统、七氟丙烷自动气体灭火系统、库房监控报警系统、防虫防鼠措施。古籍善本全部用楠木夹板固定保护，并放置在 40 个定制的樟木柜中。此外，还颁布了库房管理制度，同时还提出和制订了《金陵图书馆突发事件紧急预案》。

加强古籍修复与利用 在古籍修复方面，结合馆内人力情况，采取馆内修复和外送修复两种模式。同时，为了更好地开展好古籍保护工作，我们筹建古籍修复室，并逐步添置了一些古籍修复

与保护的设备设施。

在做好古籍原生性保护的同时，我馆更加注重再生性保护：一是古籍数字化。我们选取与南京相关的古籍文献自行扫描，共扫描完成图书 327 册，25706 页，扫描数据量是 3735G；二是编制文献，专门制作了《馆藏影印古籍图书目录索引》；三是古籍出版。经过多年努力，《江苏省金陵图书馆等六家收藏单位古籍普查登记目录》于 2015 年出版。随后，我们在全市公共图书馆范围内开展古籍普查工作。经过一年的努力，对江宁区图书馆等五家有馆藏古籍的单位进行了古籍普查，并出版了《南京市公共图书馆藏古籍善本题录》。

重视人才培养 在古籍人才培养上，

书库

在高淳图书馆进行古籍普查

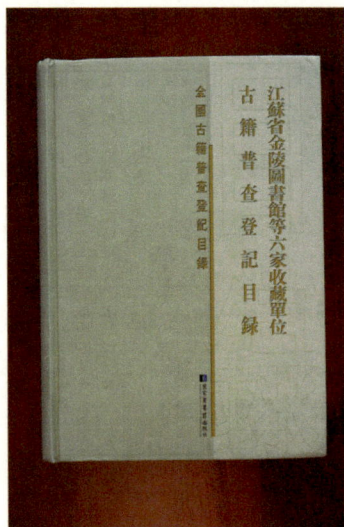

《江苏省金陵图书馆等六家
收藏单位古籍普查登记目录》

举办专题性书展

编制馆藏影印古籍图书目录索引

历代金石文献库

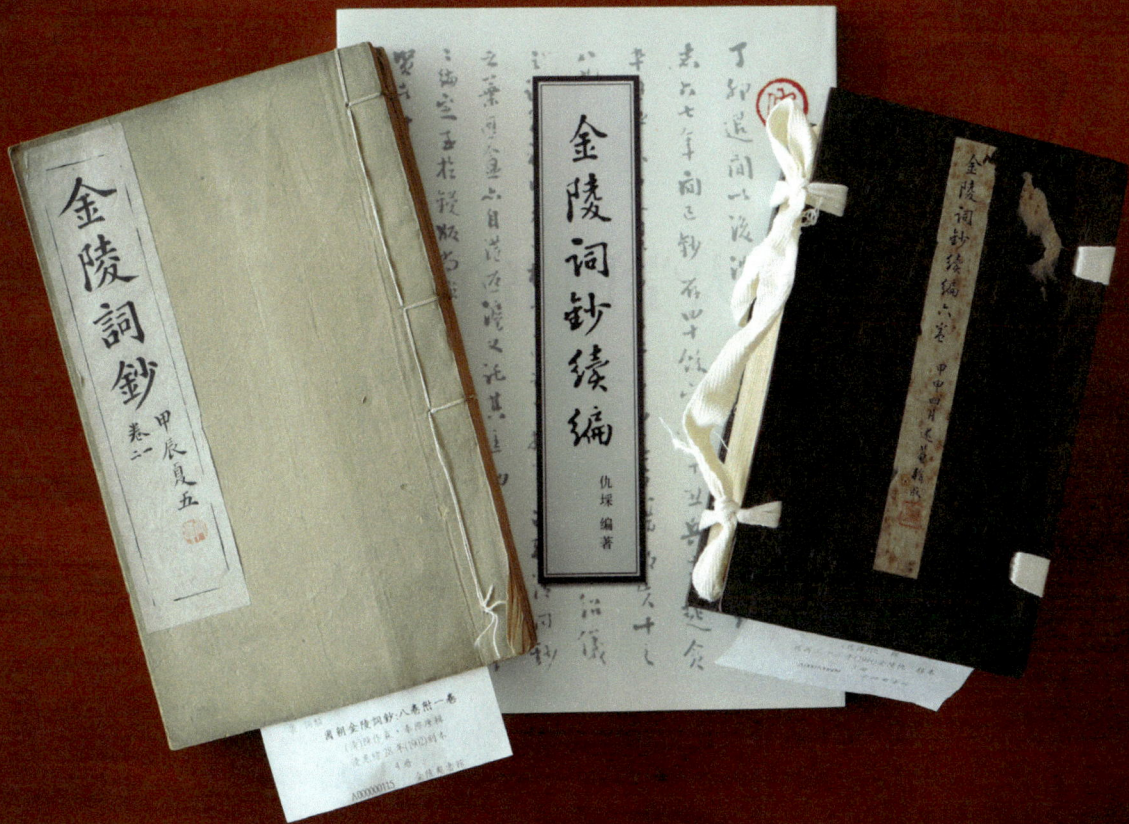

特色历史文献的再造

我们始终持着一个开放的态度，鼓励员工积极参加古籍保护中心组织的各类培训。除了继续教育，我们还鼓励学历教育，我们一个同志目前正在中山大学文献保护专业继续深造。

加大宣传力度 为了推广和普及古籍保护相关知识，我们以古籍文献为依托，整合多方资源，策划了独具特色的"赏珍·鉴宝"系列创意活动：古籍专题书展、雕版印刷体验、古籍保护科普、古籍装帧体验、古籍修复体验等。让参与活动的读者在亲身体验中发现古籍所蕴含的魅力。此外，我们与团市委宣传部联合创办"阅经典·悦青春"主题文化沙龙，也在积极推广中国传统文化，并被团市委列为"南京青年公益悦读联盟成员单位"。

今后我馆将继续根据既定工作规划，继续认真做好古籍申报工作，加强员工队伍建设，加强学习和交流，并积极完成国家中心、省中心布置的其他任务。

（供稿人：金陵图书馆 潘健）

南京大学图书馆

南京大学的古籍收藏主要是继承了原中央大学、金陵大学的藏书。中央大学图书馆前身是 1902 年建立的三江师范学堂藏书楼，金陵大学图书馆肇始于美国教会 1888 年起陆续建立的汇文、基督和益智等书院的图书室。二者藏书分别于 1949 年与 1952 年并入南京大学。除此之外，南京大学也接受了许多著名教授的无私捐赠。如陈中凡、胡小石、汪辟疆、李小缘、罗根泽、缪凤林、倪则埙、欧阳翥、钟泰、黄玉瑜、程千帆等先生，都捐赠了很多珍贵文献，对南大图书馆的馆藏建设做出了不可磨灭的贡献。

经此百余年的积累，南京大学所藏古籍线装书已近 40 万册，其中善本古籍近 3000 种，3 万多册。南京大学图书馆是首批全国古籍重点保护单位之一，所藏古籍四部皆备，尤以古代地方志、目录学文献、边疆图籍、明清别集、丛书的收藏为特色。无论数量还是质量，在海内外古籍界均有相当大的影响。

为了保护这批珍贵古籍，也为了充分发挥其价值，南京大学图书馆在

南京大学图书馆新古籍书库

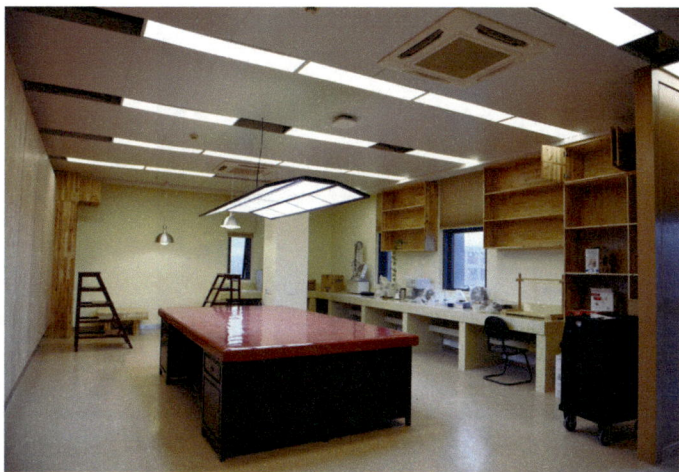

南京大学图书馆文献修复中心：书画修复室

这十多年中积极努力，采取了多项措施，取得了显著成效。

古籍存藏及修复条件的改善 南京大学图书馆向来重视古籍保护，早于21世纪初就购置了600组樟木橱柜存放古籍。2012年又将古籍书库搬迁至硬件更好的仙林校区。新的古籍书库有1500平方米，比原来扩大了7倍，常年恒温恒湿，并配备了气体灭火与书库24小时监控设施。2016年又建成全新的文献修复中心，

在南大图书馆读书节活动中推广古籍修复技艺

修复中心场地面积达到200平方米，安装了上下水管道，同时配备了中央空调、新风系统、净化型除湿加湿一体机、可调色温三基色照明系统、防紫外线隔温电动窗帘等环境控制设施，以及保险柜、消防喷淋、温湿度监控设备等安全设施。公共设备设施区又分为文献修复区、材料存储区、实验检测区三个区域，使得古籍修复工作分工有序。这些都为古籍保护提供了坚实基础。

古籍修复工作的开展 南大图书馆近年培养了数位专职修复馆员，通过导师指导、外出培训、修复实践等途径，他们已能独立处理复杂的古籍破损状况。此外，南大还举办了多期培训班，推广手工纸浆补书技术，同时通过馆际交流推动全国古籍修复技术的继承、发展和研究，让古籍修复方法的研究获得更多关注。每年的读书节、世界文化遗产日都会在南大图书馆举办古籍修复技艺展

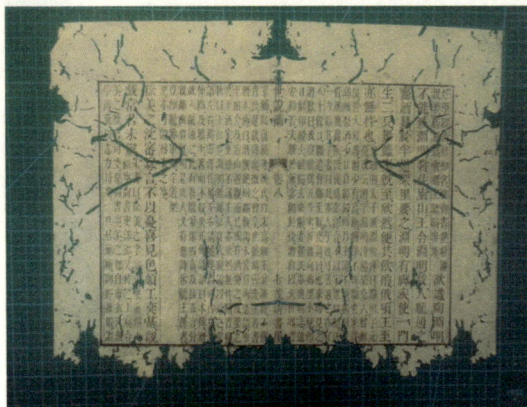

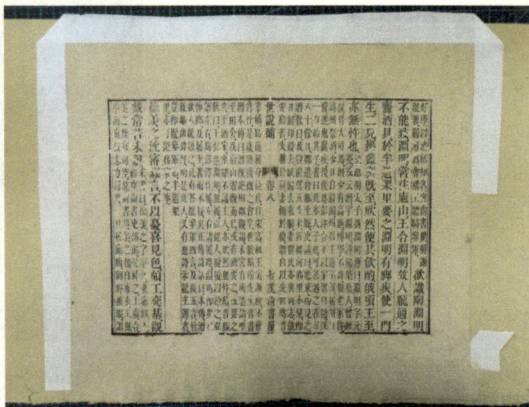

《世说新语补》一页修复前后对比。此书曾用旧书页衬底修补，后再遭虫蛀，严重损坏。此次修复，不仅完整修复了《世说新语补》二十卷，还将衬页揭开修补，得残本《算学入门》《四书撮言》《四书题镜》三种。此工程已于 2017 年 9 月底完成

览与体验活动，让在校师生近距离了解古籍修复。在这十年中，文献修复中心的古籍修复工作从未间断，一直有序进行。2008 年至 2017 年，除了订线、补洞等一般性的修复，严重毁损的古籍共修复成功 272 册共 7721 页。此外，因为历史原因，南京大学图书馆的民国书藏量丰富，但因民国书的纸张破损严重，修复中心在这十年中修复了破损严重的民国书 313 册计 11980 页。

古籍整理与出版 十年来，南京大学图书馆对馆藏古籍做了多次普查核点，修订馆藏目录，并在此基础上积极参加《国家珍贵古籍名录》的申报工作，2007 至 2014 年连续五次申报，共入选了 43 部珍贵古籍。

南京大学在古籍整理的同时积极开展古籍出版工作，将珍贵古籍分享于世界。2014 年 5 月，整理影印出版《南京大学图书馆藏稀见方志丛刊》，此系"十一五"国家古籍整理重点图书出版规划项目，是"著名图书馆藏稀见方志丛刊"系列的一种。共收录南京大学图书馆藏稀见方志 68 种。每部方志均撰写提要，对地理沿革、方志源流、方志内容及版本存藏情况做了考述。2017 年 10 月又出版了《南京大学图书馆藏古籍珍本丛刊·稿钞本卷》，共影印馆藏珍贵稿钞本 44 种，亦附提要，其中《东山谈苑》《东海公年谱》《校汉书八表》等稿本均是初次向社会公开，为学术研究提供了丰富的文献。

（供稿人：南京大学图书馆　时文甲）

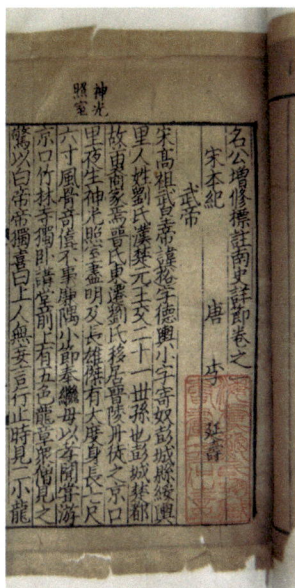

南大馆藏宋刻本《名公增修标注南史详节》
二十五卷，入选《第一批国家珍贵古籍名录图录》

《南京大学图书馆藏稀见方志丛刊》

《南京大学图书馆藏古籍珍本丛刊·稿钞本卷》

南京中医药大学图书馆

南京中医药大学图书馆是首批全国古籍重点保护单位，收藏古籍 4 万册，其中中医药古籍 2600 种，善本 3200 册，中医药古籍品种约占全国现存中医古籍品种的四成。4 种入选《国家珍贵古籍名录》，32 种入选《江苏省珍贵古籍名录》。

古籍收藏及保护　按照国家及江苏省古籍保护中心的要求，本馆积极促进中华古籍保护计划和江苏省古籍保护工作计划的实施。制定有《南京中医药大学图书馆古籍特藏阅览规则》《南京中医药大学图书馆古籍修复技术规范》《南京中医药大学图书馆古籍入藏原则》《南京中医药大学图书馆古籍书库管理办法》。把从事古籍编目、阅览服务、书库管理人员的岗位分开，各专其职。建立古籍财产账目，按照采访号、书号、书名、卷数（存卷数）、函数、册数、著者、版本、附注（跋、印章、来源等）、行款、四部分类等建立管理项目。完成古籍书库及古籍阅览室的防火、防盗、消防、监控等设施改造，采用樟木书柜存放古籍，并

2015 年修复体验现场

修复前后对比

我馆专家为国家珍贵古籍名录申报工作作版本鉴定

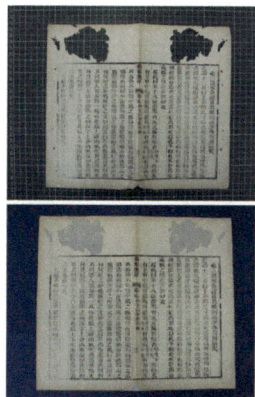

使用 RFID 系统管理古籍。

积极参加国家和江苏省珍贵古籍名录的申报，参与古籍资源普查，完成普查登记平台相关数据著录并已出版《南京中医药大学古籍普查登记目录》；顺利通过国家和江苏省古籍督导组的历次检查；常态化开展古籍资源补充与修复。

主动开展古籍资源数字化工作，建成《南京中医药大学中医药古籍全文数据库》。并以中医药学科为背景，以临床受益为目标进行古籍资源的专题化整理、数据挖掘与知识推送服务工作，另外建有《气功古籍文献数据库》《中药炮制专题库》《江苏特色医学流派专题资源数据库》等特色专题平台。

古籍普查 本馆藏古籍书目普查共计四次：1990 年《南京中医学院图书馆藏中医书目》（古籍 2024 部）、2008 年《南京中医药大学图书馆馆藏线装古籍书目》（古籍 3500 部）、2012 年《中医古籍善本书目提要》（珍善本 205 部）、2015 年《南京中医药大学古籍普查登记目录》（古籍 2063 部）。

人才培养 古籍部现有工作人员六名，其中专职修复人员两名。参加国家和省保护中心的各项会议培训合计 24 人 / 18 次。作为金陵科技大学古籍修复实习基地，带教实习生 7 名。

文献征集与修复 近十年，文献征集与修复数量列表如下：

表：近十年古籍增长与修复量

	2007	2008	2009	2010	2011	2012	2013	2014	2015	2016	2017	2018
古籍增长（册）	73	250	14	172	150	450	1346	332	1353	187	1891	756
古籍修复（册）	270	140	150	10	91	102	50	42	30	30	14	19
古籍修复（页）					115	6109	1027	3354	1568	1107	770	1026

研究成果 （1）论文：近十年，本馆馆员以第一作者身份在省级以上刊物发表古籍研究论文 25 篇。（2）论著：本馆馆员出版古籍目录、古籍整理专著共 46 种：《南京中医药大学图书馆馆藏线装古籍书目》《中医古籍善本书目提要》《南京中医药大学图书馆古籍普查登记目录》《南京中医药大学图书馆珍本书影》《毒性本草类纂》《中国医学大成终集》（8 种）、《台湾故宫珍藏版中医手抄孤本丛书》（17 种）、《中医养生全书》（6 种）、《中医古籍珍本集成》（2 种）、《中国古医籍整理丛书》（8 种）。（3）课题：本馆馆员主持古籍相关课题 19 项，其中省级课题 4 项，厅局级课题 11 项，校级课题 4 项。

宣传推广 参加 2008 年国家珍贵古籍特展，并在历届校园读书节中围绕"读经典、做临床"的主题开展古籍文献阅读推广工作。举办古籍主题展览 5 次，分别为："南京中医药大学图书馆珍贵古籍一日展"，"青编玉版，琅笈芸帙——古籍装帧形式展"，"翰墨缥缃，肘后流芳——《肘后方》古籍版本展"，"古籍故事会——历史上的医患关系展"，"历代本草知多少——本草古籍展"。开展古籍修复体验活动 3 次，举行"走进萤斋 与国医大师

副校长（时任馆长）曾莉领取全国古籍重点保护单位奖牌

2015 年读书节古籍修复体验活动中向媒体展示托裱

2017 年读书节本草古籍展

2016年，世界卫生组织卫生人力资源司司长 Jim Campbell 参观古籍书库

共读一本书"活动 1 次，开设古籍专题讲座 3 场，接待新闻媒体采访 30 余家，配合各类机构拍摄相关专题片数十次，接待兄弟院校及其他单位的参观访问近百次。

获奖情况 （1）南京中医药大学图书馆荣获"十一五""十二五"古籍保护先进单位。（2）顾宁一同志荣获"十一五""十二五"古籍保护先进个人。

（3）南京中医药大学中医药古籍全文数据库荣获"江苏高校图书馆现代技术应用创新大赛"优秀奖。（4）"走进茧斋 与国医大师共读一本书"荣获"2018 中国高校图书馆发展论坛应用案例"二等奖。

（供稿人：南京中医药大学图书馆 程茜）

2016年，南京电视台就发掘社会阅读资源采访李文林馆长

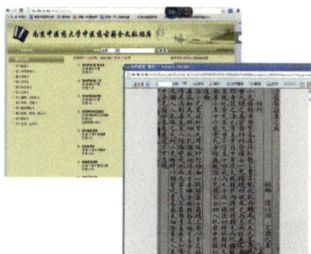

南京中医药大学中医药古籍全文数据库

扬子晚报封面——南京中医大藏有光绪"病历"

南京师范大学图书馆

　　南京师范大学图书馆历史悠久、馆藏丰富。古籍资源主要由金陵女子文理学院的文献留存、1952 年全国院系调整时由其他学校并入的文献以及后续收集的文献所组成。现收藏线装古籍 12 万余册，其中古籍善本 192 种（200 部）3046 册。收藏影印本古籍 4 万多册，采购和引进"瀚堂典藏数据库""中国基本古籍库""学苑汲古（高校古文献资源库）"等数字资源库。

　　2008 年我馆入选首批"全国古籍重点保护单位"，2009 年入选首批"江苏省古籍重点保护单位"。现共有 23 部古籍入选《国家珍贵古籍名录》，41 部入选《江苏省珍贵古籍名录》。

　　"中华古籍保护计划"的实施给我馆古籍保护与整理事业带来了巨大的促进。学校加强了对古籍工作的领导，大幅度地提高了相关投入，完善了古籍工作的人才建设、管理规范、设备条件和工作组织与规划，古籍工作取得了空前的进步。

　　加强队伍建设　我馆将原隶属于流通部门的古籍组独立出来成立古籍

古籍修复体验

线装书库

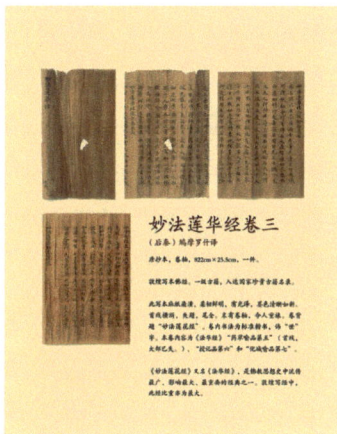
珍贵馆藏《妙法莲华经》

特藏部。多次派员参加国家和江苏省古籍保护中心组织的培训，抽调和引进了相关专业人员，形成了一支专业素质高、业务能力强的馆员队伍。

完善古籍保护制度 我馆不断加强制度建设，制定和完善了古籍管理的一系列规章制度，对开放模式、阅览规则、书库管理、书库钥匙管理以及馆员的岗位职责都做了详细规定，确保各项工作有章可循。

加大经费投入 2008 年，古籍保护工作设立了经费专项，目前稳定在每年 50 万元以上，10 年来累计直接投入 310 万元，古籍文献资源建设经费累计投入达 900 万元。

完善硬件设备 我馆积极改善古籍书库与阅览室的硬件设施：开辟了专门的古籍线装书库，配备樟木书橱、精密空调、空气洁净屏、除湿机、防紫外线窗膜、防紫外线窗帘、无紫外线灯、视屏监控系统、火灾报警等一系列保护设施。

积极开展古籍修复 我馆引进专业修复人才 2 名，建设了专门的修复工作室。修复室现有纸浆修

金陵女子文理学院图书馆

数字化工作

修复工作

古籍利用讲座

复机、晾纸架、古籍修复压平机等大型修复设备和数字化扫描设备。我馆还积极招收古籍修复专业实习生，目前已经修复古籍数百册。

古籍普查工作顺利推进　2010年完成"学苑汲古"数据库平台上的书目数据上传。目前又已经完成了馆内收藏的2519种古籍普查书目在全国普查平台的登记、著录工作。

古籍整理与服务卓有成效　我馆参加了《国家珍贵古籍名录》的题跋整理项目，成果得到了项目组专家的肯定；馆员所撰论文多次获奖；每年接待校内外读者阅览和咨询1500多人次；同时馆藏资源也为多个大型古籍整理研究项目提供文献支持。

开展讲座展览宣传　每年开展讲座和互动活动：2008年"南京师范大学图书馆入选国家珍贵古籍名录书影展"和2017年"随园琳琅——南京师范大学图书馆藏珍贵古籍书影图片展"成为学校代表性文化活动，受到师生的好评。

今后我馆将继续加强古籍的基础建设工作，重点推进学院古籍整理、古籍修复和全文数字化，完善古籍宣传、开发和服务，为我校创建有中国特色的一流学科、有国际影响的高水平大学做出积极贡献！

（供稿人：南京师范大学图书馆　胡滨）

阅览室

随园琳琅——馆藏珍本古籍书影图片展

南京博物院

　　南京博物院建于 1933 年，目前是中央、地方共建国家级博物院。作为文化部第一批入选国家级重点古籍保护单位，南京博物院院藏古籍近万种，18 万余册，一部分由华东文化部的拨交，还有江苏省文管会、江苏省博物馆的加盟以及各界捐赠及历年采购而来。所藏古籍涵盖有南北朝、隋、唐、宋、金、元、明、清各个时期。最为珍贵的有隋代写本《大智度经》、金《赵城藏刻本》、《佛说三十六品经》等敦煌写经本、清铜活字本《古今图书集成》、明清皇家内府书等。其中善本书有 2740 部，普本 4500 余部，未编近千部。18 万册中有 5 万册是古籍善本，已做书目数据库，还有 13 万册古籍是普本。其中地方志、《四库全书总目》等大部头丛书做成了相关书目数据，全部都有目录。《四库全书》和《丛书集成初编》已录入南博图书管理系统。拥有如此多的珍贵古籍藏品在全国博物馆界是不多见的。2015 年全国第一次文物普查开展以来，我们的古籍普查工作也全面展开，现已将所有善本全部上传国家文物局制作的全国第一次可移动文物普

南京博物院

查平台，通过此平台可以将文物信息倒入国家图书馆的古籍普查系统。

根据国家古籍保护中心的要求，南京博物院进行了五批《国家珍贵古籍名录》的申报和《江苏省珍贵古籍名录》的申报工作。经过专家们认真细致和慎重的审核与鉴定，确定 16 部古籍、一批殷墟甲骨成功入选《国家珍贵古籍名录》，26 部古籍入选《江苏省珍贵古籍名录》。

南京博物院向来重视文物管理工作，在长期的工作实践中，形成适合南博文物的保管保护体系。古籍善本是南博的重要馆藏，严格按照文物保管的要求对库房进行设置。2013 年南京博物院二期改造后，古籍库房依然保持了恒温恒湿系统、自动灭火系统、火灾自动报警及联动控制系统，备有消防安全应急预案、2 立方米真空熏蒸杀虫设备。原有 100 平方米的古籍库房和 400 平方米的特藏库房增加了更先进的远程温湿度控制、消防、报警等专业设备，改善了古籍收藏条件。现古籍库房面积已增至 1000 平方米，为古籍保护打下坚实的硬件基础。

南博的古籍修复工作有序推进。近年来，完成修复古籍 100 余册，其中线装书整体修复 8 册，线装书换线、换封面封底 90 余册，修复民国平装书 20 余册。此外，古籍破损登记工作也已启动。

古籍展览

南京博物院先后派员参加了国家古籍保护中心和省古籍保护中心举办的各种古籍保护、培训、鉴定、古籍修复技术等培训班 6 次，培训人员 5 名。

南京博物院设有文物保护科学技术研究所（国家文物局纸质文物保护重点科研基地），组建了"古籍文献修复室"，主要开展院藏古籍善本的保护及科学研究工作。南京博物院古籍文献修复室面积有 100 平方米，分材料间和修复室两部分。其中材料间约 20 平方米，备有 30 多种残损纸张修复材料。保护修复室有 80 平方米，设计布局采用干湿分离形式，配有专业修复桌三张，拷贝台一张，

馆藏入选《国家珍贵古籍名录》

装裱案一台，专业装裱墙一面。相关修复设备有：通风柜，用于文物除尘；清洗槽，用于文物本体污渍清洗；纸浆修补机，用于修复大规模残损纸张；压平机，用于修复完成后的平整。修复室配有酸碱度检测仪，光泽度仪，便携式显微镜，纸张厚度仪等纸张分析常用仪器。

除进行日常的古籍修复外，我们也注意到目前古籍修复中的一些问题，并进行针对性的研究。比如修复用纸方面的问题，目前古籍修复常用的方法都是直接从市场上购买商品纸来进行修复，但是古籍的本体千差万别，其造纸原材料、加工工艺、性能等与商品纸都不尽相同，这就造成两者的相关性不强，影响修复的稳定性，不符合文物修复中使用相似材料的要求。为此，从 2011 年 6 月起，中心开展了古籍修复用纸方面的研究工作。该研究拟在南京博物院原有修复用纸研究基础上进一步深化，在调研比较有代表性的传统造纸点的基础上

古籍修复前后对比

修复工作人员

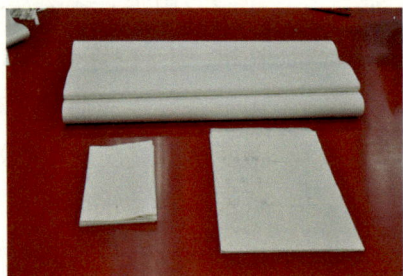

防霉纸三种形式产品

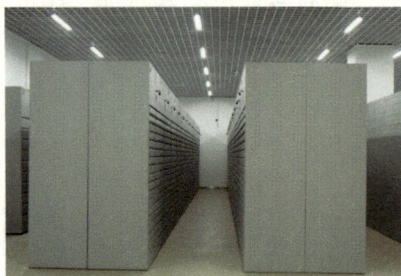

库房内部

在实验室模拟复原修复用纸的制作过程。在实际修复中采用先对修复纸张进行纤维鉴定、对制作工艺进行分析、对厚度、帘纹、定量等进行测试后进行同材质纸的复原研究，用复原的纸张进行修复，并对修复效果进行评定。该研究已经取得了突破性进展，已在实验室里将传统的手工造纸设备改进为造型合理、操作方便的用于纸质文物修复的专用造纸机，实现了自主造纸，并已尝试用于古代纸质文物的修复，相信在不久的将来能发展成熟。

此外，南方潮湿环境下古籍易滋生霉菌等病害，为此南京博物院古籍科技保护中心研究了用于古籍保管中的防霉纸，该产品可用于古籍外包装或裁剪成相应大小插入古籍中，起到预防霉菌的作用，对文物、人体和环境都没有危害。

（供稿人：南京博物院　奚可桢）

南京市博物总馆

　　自 2007 年响应国家"中华古籍保护计划"以来，我馆努力推进古籍保护工作并取得显著成效。2009 年被评为江苏省古籍保护重点单位，2010年被评为国家古籍保护重点单位。已有 26 部古籍入选《国家珍贵古籍名录》，58 部古籍入选《江苏省珍贵古籍名录》。南京市博物馆现有古籍藏量约为 1 万册（件），其中善本古籍藏量为 3074 册（件），特色藏品包括拓本、四色套印本。共设有三个古籍书库，分别为善本书库、普本书库、拓本书库。

　　完善各项制度，加强管理　2014 年 2 月南京市博物总馆成立，将下属分支机构藏品进行统一管理，秉承"机制创新、人才交流、资源共享、合作互惠"的宗旨，努力构建文保事业可持续发展的创新模式。库房管理严格按照相关规定执行，包括《库房安全管理办法》《古籍阅览制度》《安全保卫制度》《消防管理制度》等，并制订了突发事件紧急预案。在古籍工作开展中制定了《修复室文物修复制度》《修复室安全管理制度》以及《文

普本书库

修复室

物修复人员岗位职责》，严格按照国家文物局颁布的《中华人民共和国文物保护法》《文物保护修复质量标准》和文物保护相关政策实施保护工作。

积极完成普查，进行整理 积极参与古文献资源的数字化和共建共享。2009 年对全馆线装古籍按实物进行全面清点普查，逐步完成全国古籍普查平台上的登记工作。于 2010—2016 年参与开展"全国第一次可移动文物普查"，其中善本书库和拓本书库属于此次普查对象，即进行了第二次古籍普查与整理。在严格按照古籍阅览规定进行借阅中，发挥了古籍公共文化服务功能和社会教育的作用。自 2008 年起，对馆藏碑帖拓片进行整理录入，后列入国家社科基金重点课题，通过拍照、释文等工作，已于 2014 年完成《新中国出土墓志·南京卷》的出版工作。

加强古籍保护，改善设施 2014 年

8 月，南京市博物总馆在原有修复场地条件的基础上，加大资金投入力度，按照不同文物修复类别，重新划分和建立了总面积达 600 多平方米的多间专业文物保护修复室，其中文献修复室约 280 平方米、书画修复室 120 平方米，配备了一批可移动文物检测实验仪器和专业文保设备。我馆根据馆藏文物特性及修复要求，自行设计了一批符合现有工作场地使用的专业纸张设施与器材，目前设施与器材也已安装

善本书库

阅览室

到位并投入使用。针对文物保护修复场所的消防安全，配备了专业消防器材。切实加强文物修复实验室管理，严格人员与物品管理，将文物的安全放在首位，防止修复中造成的人为破坏。

注重人才培养，建设队伍 自总馆成立以来，陆续加大了人才的引进和培养力度，文保人员数量逐年增加，截至2018年7月底，已有专业文保修复人员32名（编内22名、编外10名），本科及以上学历人员达90%，其中高级职称5名，中级职称6名，已形成老中青三结合的人才发展专业梯队。将纸质文保专业队伍的建设放在突出位置，目前从事专业纸张保护与修复人员共计16名（编内11名、编外5名）。

今后，我馆将继续贯彻落实《"十三五"时期全国古籍保护工作规划》，利用博物馆的社会服务与公众教育职能，举办展览、开展社教活动等，让"书写在古籍里的文字活起来"。通过古籍传承和弘扬中华文化，不断提高古籍保管员的业务技能，加大古籍保护力度。继续培养修复人才和硬件设施投入，进一步加强古籍整理出版和数字化建设，尽快实现古籍资源合理共享。

（供稿人：南京市博物总馆　徐佩佩）

无锡市图书馆

无锡市图书馆前身为无锡县立图书馆，创建于 1912 年，是国内创建较早的公共图书馆之一。现馆藏线装古籍 30 万册，其中善本 2 万余册，地方文献 2 万余册、旧家谱 8000 册、荣氏捐赠图书 12 万册，为特色馆藏。近年来，我馆发挥馆藏资源优势，加强古籍保护，取得显著成效。

设立专门机构　我馆专设历史文献中心，负责馆藏历史文献的收藏整理、开发利用与保护研究。2012 年，成立无锡市古籍保护中心，创建无锡市古籍保护网，向全市宣传、普及和推动古籍保护。

加强队伍建设　引进 3 名古文献、古籍修复专业人才，选派业务骨干参加国家、省级古籍保护中心举办的专题培训，充实古籍保护力量。

提高思想认识　把古籍保护纳入重要议事日程，争取上级政府重视、支持。近十年，市级财政每年下拨 10 万元专项经费用于古籍保护。2011—2012 年争取省、市专项保护经费 200 多万元，用于改造古籍书库、完善保护环境。

古籍善本书库

馆藏吴氏家谱

文史阅览室

已修复古籍

改善保护条件 专设善本库、地方文献库、荣氏文库、普本库等古籍书库。书库总面积达1500平方米，阅览室面积约850平方米。改造后古籍书库有恒温恒湿中央空调系统、全新樟木书橱，添置古籍专用赛数扫描仪、存储磁盘阵列等设备并修订完善了各种古籍管理保护办法。

申报成果显著 高度重视历次申报：2008年起共有109部、273部古籍入选国家、省级珍贵古籍名录，跻身全国同级图书馆前列；2009年被评为全国重点古籍保护单位、江苏省重点古籍保护单位；2011年、2016年连续两次被评为江苏省古籍保护工作先进单位。

普查顺利完成 专门成立普查小组，推进馆藏古籍整理清查工作。至2016年底，完成11393部古籍的普查，数据上交至省中心。参与《中华古籍总目·江苏卷》编纂工作。

重视馆藏补充 正确处理古籍保护与利用的关系，每年保证40万元专项购书经费来补充再版古籍。购入《中国地方志集成》《著名图书馆藏稀见地方志丛刊》等大型高文献价值再版丛书，既满足读者需求，又保护古籍原件。

培育馆藏特色 结合读者寻根问祖、续修家谱需求，依托无锡市谱牒文化研究会平台，藏以致用、以用促藏。读者利用该馆谱牒资源，也捐赠家藏旧谱、续修新谱。至2017年底，馆藏家谱量达1600余种1.4万余册，居同级别图书馆

赛数扫描仪

古籍修复工作

荣毅仁、钱钟书、倪瓒等名人家谱

古籍整理、出版成果累累

藏量之首。

有序整理出版　加强再生性保护，整理出版《锡山先哲丛刊》《寄畅园法帖》等十多种地方丛书。从入选国家、省珍贵古籍名录的馆藏古籍中精选《无锡市图书馆藏古籍珍本丛刊》，出版《比璞山房罪言》《朱子节要》《华氏传芳集》《秋水集》《瞻桥小志》5 种再版古籍。2015 年编辑出版《无锡地区家谱知见目录》，获省第五届图书馆学情报学学术成果二等奖。

启动数字工程　开展馆藏古籍书目数据库、全文数据库建设。建成《无锡市图书馆馆藏家谱目录》《无锡市图书馆馆藏地方志目录》等 9 种书目数据库和《无锡市图书馆馆藏古籍全文数据库》。2017 年启动馆藏无锡民国地方报纸全文数字化工程，计划 2020 年完成数据库建设。

参与课题研究　《无锡文库》是无锡最大的地方历史文献集成，是我省首部城市历史文化总集。我馆承担其中两辑编纂任务，参与前期选目、底本提供、各辑分编、提要写作等工作，提供全方位深层次课题服务，获省第六届公共图书馆优秀服务成果一等奖。参与市纪委《无锡家训与廉政建设》丛书编辑，配合市文明办"家规家训明信片"编辑出版。

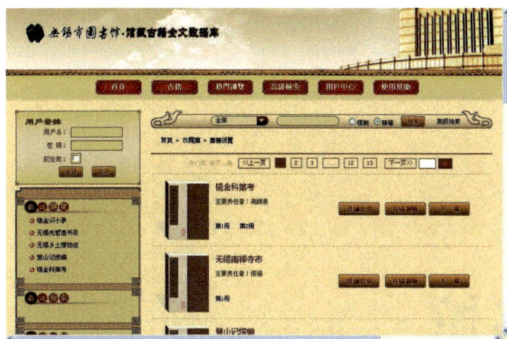
无锡市图书馆馆藏古籍全文数据库

天禄遗珠——无锡市图书馆、无锡博物院藏古籍珍本联展

《无锡文库》

强化宣传推广 举办"无锡市图书馆馆藏精品展""无锡市谱牒文化成果展""无锡入选《国家珍贵古籍名录》书展"等展览。2013 年，与无锡博物院联合举办"天禄遗珠——无锡市图书馆、无锡博物院藏古籍珍本联展"。与《江南晚报》在"我俚无锡"专版联合开展"追忆往锡"，受社会好评，获省第六届公共图书馆优秀服务成果二等奖。

无锡市图书馆以丰富的馆藏、独特的底蕴吸引读者走进、利用和享受图书馆，成为他们汲取知识与温暖的精神家园。

（供稿人：无锡市图书馆　朱刚）

配合市文明办编制的《家规家训明信片》

无锡谱牒研究

徐州市图书馆

徐州市图书馆是国家一级图书馆。自 2007 年"中华古籍保护计划"实施以来，我馆多措并举，在古籍保护工作中取得了一定成绩。

古籍收藏及保护 古籍书库采用气体消防系统，在防盗、防虫、防紫外线、空气净化与调节等方面，实现了管理的标准化。书库面积 400 平方米，馆藏古籍 93785 册，其中，善本古籍书库 100 平方米，藏书 1190 种 24591 册／件，普通古籍书库 300 平方米，藏书 69194 册／件，全部古籍文献均收藏于樟木书柜中。2011 至 2017 年，我馆每年投入 10 万元古籍保护专项经费，用于书库设施和保护设备的购置，又先后制作一批楠木书盒，妥善放置国家珍贵古籍和部分江苏省珍贵古籍；利用江苏省古籍保护中心下拨古籍保护经费，购置了一批古籍修复设备和材料，推进古籍修复室建设工作；制定徐州市图书馆《古籍书库管理制度》《古籍阅览制度》和《安全保卫制度》，完善健全古籍书库的管理制度。

古籍普查工作 2007 年全国古籍普查工作开始，我馆投入人力物力，重新进行古籍登记，在全省率先完成古籍普查登记的工作。现有 25 部国

图书馆古籍书库

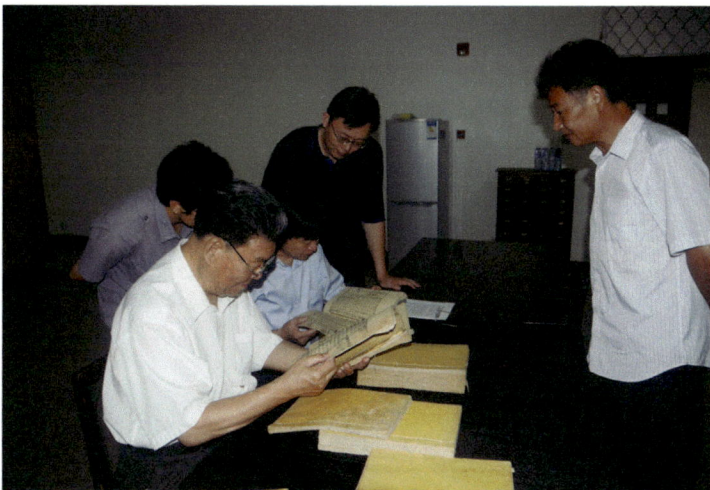

国家古籍保护中心专家组来徐州市图书馆鉴定宋版书

家珍贵古籍和 163 部江苏省珍贵古籍，特别是宋版《四书章句集注》的发现，被列入了"国家古籍保护中心首次公布古籍普查重要发现"之一。2014 年 12 月，《江苏省徐州市图书馆古籍普查登记目录》由国家图书馆出版社正式出版发行。

人才培养　积极派员参加全国、省古籍保护中心组织的古籍保护培训，建立了一支技术过硬的古籍保护专业团队。2013 年在古籍部的基础上成立历史文献部，调集骨干力量加入古籍保护队伍中。

2014 年通过招考，招录古典文献硕士研究生一人。以老带新，传递古籍保护的各项学科知识，让年轻人尽快掌握古籍保护技能。

修复工作　逐步加大古籍修复方面支持力度，逐步开展古籍修复室建立的相关工作。利用古籍保护专项经费陆续购买了修复专用系列工具、压书机、修复用纸等，并规划出专门场地建设修复室。2018 年，按照《江苏省古籍重点保护单位修复室建设标准》要求建设占籍修复室，于 7

徐州市图书馆部分国家珍贵古籍名录入选证书

徐州市图书馆部分江苏省珍贵古籍名录入选证书

我馆编著出版的《江苏省徐州市图书馆古籍普查登记目录》

我馆古籍工作人员对村民进行采访，了解当地遗存碑刻信息

张先生（左一）为我馆捐献民国石印本《幼学琼林》

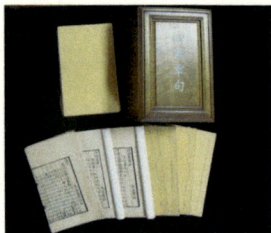

为宋版书《四书章句集注》特别定制的楠木书盒

月底建设完成投入使用。

文献征集　制定出台了《地方文献征集工作实施计划》，面向徐州地区征集各种历史文献、古籍图书条目。开展徐州地区民间文化、家谱、碑刻遗存的资料搜集工作，并对具有重要价值的古碑进行了传拓，收获一批珍贵的历史文献资料。

研究成果　充分挖掘丰富馆藏文献，特别是地方文献的价值，开展学术研究，在彭祖文化、徐州方言文化、民俗生活、徐州人物研究方面，取得了突出的成绩。2014年，《徐州市图书馆珍贵古籍图录》出版，该书包括我馆收藏的国家级、省级珍贵古籍184部，共329幅珍贵书影，全面介绍和展现了我馆馆藏珍贵古籍的真实风貌；其他相关研究成果包括卢润生编著的《彭祖研究文献稽考》《李卫文选》；

我馆编著出版的《徐州市图书馆珍贵古籍图录》

古籍品鉴交流活动

读者参观古籍保护知识宣传展板

《彭城晚报》对我馆收到
捐赠的历史文献进行了报道

王仁同参与撰写的《彭城佛教》《徐州饮食史话》等。

宣传推广 在2014年"中华古籍保护计划"成果宣传推广活动中，制作了普及古籍知识的展牌，展出了一批具有代表性的珍贵古籍，向市民展示徐州市图书馆古籍普查以来的保护成果及重大发现，为民间古籍收藏者品鉴个人藏品、普及古籍知识、答疑解惑，进行古籍保护交流。第五届江苏书展，准备了包括宋版《四书章句集注》和一些稀见地方志在内的特色古籍文献，在书展上展出，引起了较大反响。

我馆于2009年被江苏省人民政府、省文化厅公布为"江苏省首批古籍重点保护单位"，2010年被国务院、文化部公布为全国古籍重点保护单位。又先后被江苏省古籍保护中心评为"十一五""十二五"古籍保护工作先进单位，多名工作人员被评选为古籍保护先进个人。2016年，在徐州市第八届"文明职工""五一文明岗""五一文明班组"评选活动中，我馆历史文献部被评为"五一文明班组"。

（供稿人：徐州市图书馆　王仁同　张菲菲　林文忠）

江苏师范大学图书馆

　　江苏师范大学图书馆现藏有古籍 6212 种，约 6 万余册。清乾隆以前刻本 595 种，明代刻本 125 种。其中有 8 部古籍入选《国家珍贵古籍名录》，32 部古籍入选《江苏省珍贵古籍名录》。古籍主要来源为：民国时期无锡国学专修馆藏书，徐州籍藏书家时有恒先生捐赠藏书，以及本馆经年累月采集搜购之古籍。

　　江苏师范大学图书馆分别于 2009 年、2010 年获"江苏省古籍重点保护单位""全国古籍重点保护单位"称号。自"中华古籍保护计划"实施以来，在国家和省古籍保护中心的指导下，我馆正着手加大古籍的整理与保护工作，工作成果如下：

　　进一步完善了古籍保护相关规章制度　对借阅模式、借阅规则、岗位职责等规章制度进行了深入细致的规划与完善。

　　加强古籍整理和普查工作　积极参与古籍文献资源的普查和书目资源的共享。普查工作中，先期进行馆藏民国前古籍登记著录，已完成时有恒先生捐赠古籍藏书的经、史全部以及子、集部分约 720 余部录入登记；并

善本古籍书库

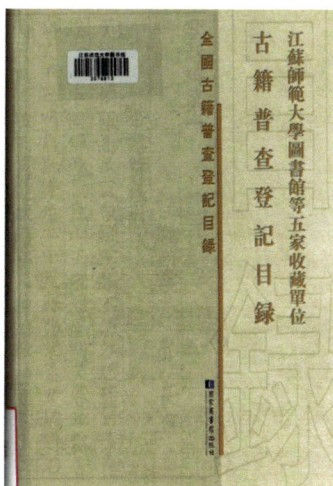

整理出版了《江苏师范大学图书馆等五家收藏单位古籍普查登记目录》。

加大硬件投入，改善保护条件 2009年以来古籍保护投入约40万元。（1）全部更换樟木书柜。2012年11月，将原来钢结构平开式书柜，更换为钢木结构书柜，隔板、棚板、衬板均为全天然樟木，共计更换书柜134个，有效地解决了线装古籍防虫防蛀问题。（2）更换古籍函套。2012年4月对原有破、旧函套进行清理、更换，共更换古籍函套4000余套。（3）防盗保护。更换了古籍室防盗门、加固了古籍室防盗窗、安装了古籍室监控摄像头。（4）温、湿保护。更换古籍室空调两台，增加除湿设备1台。（5）消防设备老化的更换：2017年7月对原有老化消防设备花费10多万进行了统一更换。

附表：古籍保护计划实施前、后对比

书库设施类型	计划前	计划后	名称	数量
空调系统	无	有	格力空调	3
温度监测仪器	无	有	温度监测器	3
湿度监测仪器	无	有	湿度监测器	2
防紫外线措施	有	有	防紫外线灯管	2
自动灭火系统	无	有	柜式七氟丙烷气体灭火装置	4组
库房监控报警系统	无	有	图书馆火灾安全自动报警系统	
灾害预防应急措施	有	有	防火安全条例	
库房管理制度	有	有	古籍书库管理规定	
书柜书架书箱	普通	樟木	樟木书柜	10组
防虫措施	有	有	天然樟脑鼠药	

加大影印古籍、古籍数据库的采购力度 加大了影印古籍、古籍数据库的建设力度。购置了《四库全书存目丛书》《四库全书存目丛书（补编）》《清代诗文集汇编》等大型古籍文献；购买了"中华再造善本数据库""中国基本古籍库""中国方志数据库""中国石刻数据库"等大型古籍数据库，大大减少了用户对线装古籍文献的依赖，延缓了古籍文献的存留周期。从我馆参与"中华古籍保护计划"以来，用于购置影印古籍文献、古籍数据库的资金 300 余万元。

馆藏古籍宣传册

加强专业队伍建设，积极开展古籍整理科研工作 引进古典文献学专业博士 1 名，1 人考入古典文献学专业博士，另外相关专业硕士 3 人，学士 2 人。多次派人员参加国家、省举办的各类会议与培训，学习古籍整理、修复、普查、版本鉴定等基本技能。

研究成果 获得国家级项目两项，省级项目一项。一是江苏省社会科学基金项目"清代江苏文人别集研究"（项目号：12ZWB006），二是全国高校古委会直接资助项目"《张修府日记》手稿整理"项目，三是国家社会科学基金项目"数字资源使用绩效的多指标综合评价体系研究"（项目编号：15BTQ017）。在省级以上刊物发表古籍目录、古籍整理等相关论文 10 余篇。

宣传推广方面 制作了江苏师范大学图书馆古籍特藏文献宣传册，并将相关书面挂在图书馆网站上，便于读者查询。

（供稿人：江苏师范大学图书馆　蒲筱哥）

新添置消防设备

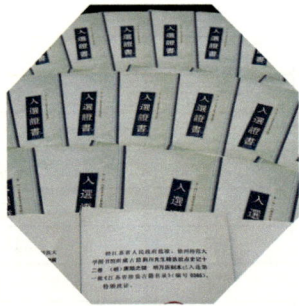

江苏省珍贵古籍名录入选证书

时有恒捐赠古籍书库

常州市图书馆

自"中华古籍保护计划"启动以来，常州市图书馆积极响应，开展古籍普查和保护工作，改善硬件设施，加强人才培养，在各个方面都取得了显著成果。

库房建设　本馆普通古籍书库为 350 平方米，善本和地方文献书库120 平方米。2009 年，普通古籍书库配置了六氟丙烷自动灭火系统。2010 年，善本库房配备了七氟丙烷无管自动灭火系统。2012 年，为古籍地方文献定制了樟木书柜。

古籍修复　2008 年起，依照文化部发布的《古籍特藏破损定级标准》和《古籍修复技术规范与质量要求》，坚持"抢救性修复、过程可逆；重修复质量，轻修复数量"的原则，使古籍修复工作更为规范。今有专职古籍修复师一名，毕业于金陵科技学院古籍修复专业，并取得文化部认可的文献修复师三级资质。2012 年购置了古籍修复除尘台、压平机、除湿机等，采购了两万多元的古籍修复用纸和修复用品。

古籍地方文献书橱

本馆出版地方文献图书

古籍普查　根据《古籍定级标准》，2008 年底我馆共选出六种文献申报《江苏省珍贵古籍名录》和《国家珍贵古籍名录》。2009 年，被省文化厅命名为"江苏省重点古籍保护单位"，并且明内府刻本《资治通鉴纲目集览》五十九卷、明嘉靖刻本《方山薛先生全集》六十八卷、明隆庆刻本《薛子庸语》十二卷、明嘉靖刻本《空同先生集》六十三卷入选国家珍贵古籍名录。2010 年 6 月，被国务院批准挂牌"全国古籍重点保护单位"。

按照古籍普查的要求，2011 年向省古籍保护中心上传书目数据 2052 条，向"中华古籍索引库"上传书目数据 1623 条，上报明代以前刊本书目数据 7 条。

2012 年，完成馆藏古籍的著录工作，上传"全国古籍普查登记平台"数据 5517 条。2013 年，申请到国家古籍保护中心的"古籍普查编号"，全部数据完成了导出、打印、刻盘，分别上报国家古籍

我馆工作人员帮助溧阳图书馆完成古籍普查工作

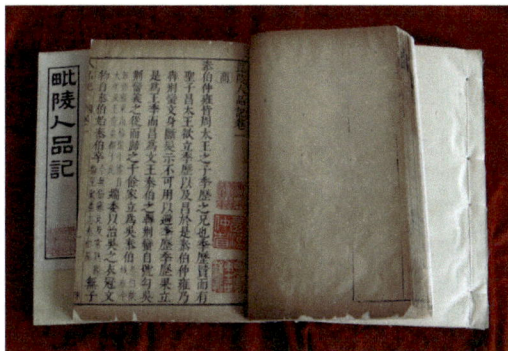

明万历刻本《毗陵人品记》

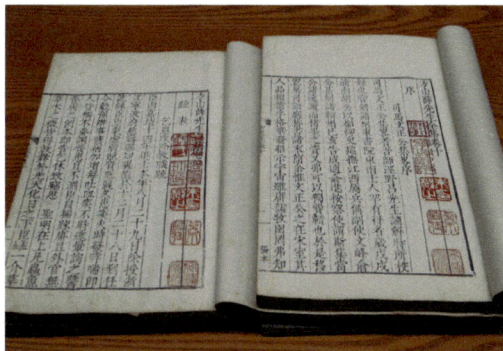

明嘉靖刻本《薛方山文集》

保护中心和江苏省古籍保护中心。2015年本馆完成了古籍普查登记工作，是年2月《江苏省常州市图书馆古籍普查登记目录》正式出版，是全省首批独立出版的两家图书馆之一。

古籍整理与研究　2004年整理点校宋咸淳《毗陵志》，于2005年1月由四川美术出版社公开出版发行。2008年《常州先哲遗书》整理出版工作启动，整套丛书共计有77种、745卷、11004页，由常州文化研究所和常州市图书馆共同开展，2010年9月由南京大学出版社出版。2013年6月，由我馆编辑，凤凰出版社出版的《常州古地图集》面世。该书的出版发行荣获江苏省档案文化精品奖一等奖、常州市第十三届社会科学优秀成果三等奖。由我馆编辑，凤凰出版社出版发行的《常州历史文献丛书》，第一辑于2013年7月出版，第二辑于2015年9月出版，第三辑于2018年4月出版。

人才培养与业务交流　2011年我馆公开招聘了一名古籍修复专业的本科生，加强了古籍修复力量。近年来，我馆古籍部员工多次参加省古籍保护中心组织的古籍普查工作培训班，修复人员参加了在南京艺术学院举办的"古籍修复非遗传承人群"培训班。2015年，我馆派专业人员至溧阳图书馆帮助其完成古籍普查登记工作，该年底溧阳图书馆的古籍登记目录也与其他馆合并出版。

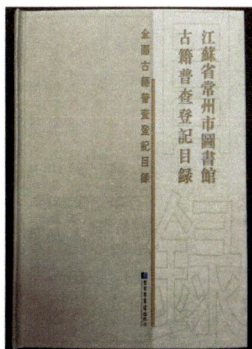

《江苏省常州市图书馆古籍普查登记目录》

（供稿人：常州市图书馆　朱煜）

苏州图书馆

苏州图书馆为国内著名的古籍收藏单位之一，自 2007 年"中华古籍保护计划"实施以来，在国家和省古籍保护中心的统一部署下，在苏州市各级领导的高度重视下，本馆积极开展古籍保护的各项工作，取得了显著成果，择要介绍如下：

古籍保护试点工作　2007 年 8 月，本馆被列入全国古籍保护试点单位。在试点工作期间，本馆结合实际情况，制定了《苏州图书馆古籍保护工作方案》，圆满完成了相关工作任务，为"中华古籍保护计划"在全国的推广总结了经验。

珍贵古籍申报工作　2007 年以来，本馆积极进行相关申报工作，取得了丰硕的成果。2008 年，本馆被评为首批"全国古籍重点保护单位"，前五批累计入选《国家珍贵古籍名录》的古籍达 119 种，前三批累计入选《江苏省珍贵古籍名录》的古籍达 223 部，在省内各大藏书机构中仅次于南京图书馆。

古籍库房改造工作　为了改善古籍收藏条件，2010 年，本馆向市财政申请了 300 余万专项经费用于古籍库房及地下室改造，按照文化部发布

古籍特藏库房

古籍阅览室

古籍修复室

的《图书馆古籍特藏书库基本要求》，对古籍楼进行了综合改造，2012 年顺利竣工，实现古籍库房的规范化和标准化。

古籍普查登记工作 本馆严格按照国家标准，积极开展馆藏古籍的普查工作。2009 年末基本摸清了家底，建立起了本馆的古籍目录检索系统。2010 年底，完成了 2200 多部馆藏古籍善本的普查，逐一建立起完整的电子档案。在《全国古籍普查登记工作方案》实施后，本馆于 2013 年底基本完成馆藏古籍的清查登记，并按照各项要求进行审校。2016 年，《江苏省苏州图书馆古籍普查登记目录》已由国家图书馆出版社正式出版，收入书目 12517 条。

古籍修复工作 本馆严格按照国家规定的《古籍修复工作间基本要求》，于 2012 年完成了古籍修复室的标准化改造。2013 年开始，本馆对古籍修复档案作了更加严格详尽的整理和记录，建立了完备的古籍修复档案。2013 年底，本

馆先后购入压书机、电动切纸机、电子干燥箱等专业古籍修复工具。2007 年以来，本馆累计修复破损古籍 1000 余册。

古籍保护队伍及制度建设工作 2007 年以来，本馆先后招聘了 5 名古籍相关专业的硕士及修复人员，大大充实了古籍保护力量。本馆还先后 10 余次派员参加国家和省古籍保护中心组织的相关业务培训班等，提高了工作人员的业务技能，为古籍保护工作的深入开展打下了坚实的基础。

《江苏省苏州图书
馆古籍普查登记目录》

古籍修复档案

古籍研究整理与出版

"走进古籍部"暑期少儿活动

派员参加古籍修复培训班

"吴门缥缃"国学讲座

苏州市古籍保护中心揭牌仪式

苏州古籍保护网站

苏州图书馆古籍数据库

苏州市古籍保护工作座谈会

古籍数字化工作　2007年以来，本馆结合古籍保护工作，投入人力物力，进行苏州地方文献的数字化，建立苏州地方文献数据库。截至2016年底，已经完成数字化地方文献与珍贵古籍608部，7826卷，475256页。建立起了包含苏州古代地方文献、馆藏珍贵古籍、苏州地区家谱以及苏州文人别集等内容的"苏州图书馆古籍数据库"。均采取300DPI的像素扫描，保持了原版原貌，并可以实现全文检索、繁简转换及复制下载等功能，不但便利了读者使用，也缓解了古籍保护工作中的"藏用"矛盾。

古籍研究整理工作　本馆一直重视馆藏古籍的研究和整理。2014年底，本馆完成了所有馆藏善本提要的撰写和出版工作，累计出版经、史、子、集共7函31册，本馆还有3部善本参与了《中华再造善本》项目，并影印出版了馆藏善本《重刊明心宝鉴》一书。本馆古籍部所申报的"苏州图书馆藏善本题跋"项目得到江苏省图书馆学会立项，并圆满完成。本馆馆员也积极进行相关研究，在《文献》《中国典籍与文化》《图书馆杂志》《红楼梦学刊》《清史研究》等刊物上发表相关古籍研究论文多篇，并出版了一系列古籍整理著作。

苏州市十一五古籍保护成果展

"第七届江苏书展"古籍展区

首批全国古籍重点保护单位

全国古籍保护工作先进单位

《国家珍贵古籍名录》入选
证书

古籍宣传推广工作 为了加强全社会对古籍的认识和了解，本馆还注重于古籍的宣传和推广。先后举办了"苏州市'十一五'古籍保护成果展""中华古籍保护计划成果展"等展览，参加了第七届"江苏书展"，并举办"古籍保护与修复""清代禁毁书"等专题讲座，以及"吴门缥缃"系列讲座，还在每个暑假邀请少年儿童走进古籍部，认识古籍，社会反响良好。相关媒体也多次对本馆的古籍工作进行专题报道。

苏州市古籍保护中心的工作 2011 年 3 月 29 日，苏州市古籍保护中心在本馆正式揭牌成立，中心成立六年多来，通过成立古籍保护专家委员会，举办展览、讲座、座谈会，编辑出版图书、简报，开通网站、建立 QQ 群等方式，向社会各界宣传了苏州市的古籍保护工作，并积极整合各方古籍保护力量，加强了收藏单位之间的联系和交流，对苏州地区的古籍收藏单位进行了普查登记、库房改造等方面的业务指导，对民间的古籍收藏者也提供了古籍保存及版本鉴定等服务。尤其是每年的苏州市古籍保护工作座谈会，都有来自全市范围内的公共图书馆、大学图书馆、博物馆、宗教等系统的十余家收藏单位参加，具有较大影响，有力地推进了苏州市的古籍保护工作。

本馆的古籍保护工作也得到了上级主管部门的肯定和表扬。2014 年，本馆被文化部授予"全国古籍保护工作先进单位"的荣誉称号，还先后入选"江苏省'十一五'古籍保护先进单位""江苏省'十二五'古籍保护先进单位"，并有三人荣获"江苏省古籍保护先进个人"称号。

（供稿人：苏州图书馆　孙中旺　沈黎）

常熟市图书馆

常熟市图书馆前身为成立于 1915 年 10 月 17 日的常熟县立图书馆。铁琴铜剑楼后人瞿启甲牵头倡议设立公共图书馆，并带头捐赠家藏图书，任首任馆长。

常熟可谓中国藏书文化之乡，其悠久的藏书文化在中国文化史上具有重要地位，也产生了深远影响。历代常熟籍藏书家所收藏的珍贵典籍版本之丰富，数量之繁多，世所罕见。得益于历代先贤的馈赠和前辈图书馆员的努力，常熟市图书馆古籍部有高达 20 万册的丰富馆藏。其中善本古籍有 3000 余册，普通古籍 16 万余册，民国出版物 3 万余册。地方文献和明清稿、抄本是本馆的主要特色。

2008 年被国务院评为"全国古籍重点保护单位"。

设施与管理　2008 年以来，本馆改进了古籍保护设施，增设或更新了各种防火、防盗、防潮、防光、除尘等保护设施，建立了严格的管理制度，极大地提升了古籍的保管条件。

常熟市图书馆外景

古籍阅览 本馆古籍部面向社会公众开放，为众多专家学者和需要阅览相关古籍的人士提供方便。为专家学者撰写论著，高校学生撰写论文，古籍爱好者查阅资料等提供了极大的帮助。

古籍修复 古籍修复是本馆的传统业务工作。自建馆以来，一直开展相应的修复工作。20世纪80年代，即派人赴南京图书馆、上海图书馆参加相应培训。90年代，派人赴上海图书馆参加师

古籍修复

带徒培训。2008年以来，多次派人参加国家古籍保护中心和江苏省古籍保护中心开办的古籍修复培训班。并更新了修复设备，配备了古籍修复工作台、低温冷冻柜、古籍扫描仪等。

古籍普查 自"中华古籍保护计划"启动以来，本馆积极响应，成立了常熟市古籍保护中心，并专门成立领导班子，对全市古籍保护进行指导和摸查。根据国家古籍保护中心和江苏省古籍保护中心的相关要求，全面开展常熟市古籍的普查工作。截至目前，已完成常熟市图书馆、常熟市博物馆、

常熟市图书馆古籍善本书库

《常熟文库》编纂启动仪式

常熟理工学院、常熟市中学、兴福寺的古籍普查工作，普查数据已经进入出版流程，拟出版《常熟市古籍联合目录》。

珍贵古籍名录　自2008年国家文化部组织申报《国家珍贵古籍名录》以来，本馆积极参加国家级和省级珍贵古籍名录的申报工作。共计有53部古籍入选《国家珍贵古籍名录》，78部古籍入选《江苏省珍贵古籍名录》。

古籍整理研究　常熟市图书馆一直重视馆藏古籍整理研究工作，在人力、物力有限的情况下，本馆还是结合馆藏特色和实际需求，于近年来陆续整理出《历代名人咏常熟》《常熟藏书印鉴录》《常熟图书馆古籍善本图录》《徐兆玮日记》《中国常熟宝卷》《常熟藏书史》《曾朴全集》。其中，《徐兆玮日记》为"国家清史工程"项目，并获得2014年"第六届江苏省公共图书馆优秀服务成果"三等奖，2016年江苏省档案文化精品二等奖。《曾朴全集》入选《"十三五"国家重点图书、音像、电子出版物出版规划》古籍出版项目。此外，本馆还积极参与《国家珍贵古籍名录题跋》整理项目，和文化部"中华再造善本"工程等。

《曾朴全集》首发式

影印地方文献

古籍数字化 近年来，本馆以地方文献为选题，相继影印出版了《[弘治]常熟县志》《[嘉靖]重修常熟县志》《[万历]常熟县私志》《[康熙]常熟县志》《皇明常熟文献志》《海虞文徵》等。

古籍保护宣传 2008年，成立了常熟市古籍保护中心。编纂《常熟市古籍保护简报》，以季刊的形式编印流传。《简报》于2014年改版，更名为《读书台》。我馆荣获"中国阅读学研究会 中国图书馆学会阅读推广委员会指定书香园地"称号。

（供稿人：常熟市图书馆 付凤娟 王曦虹）

整理出版文献

《徐兆玮日记》

苏州市吴江区图书馆

　　吴江图书馆创建于 1917 年，至今已有百年。目前藏有线装古籍 5.7 万余册，其中善本古籍 8000 余册。2009 年被评为第二批"全国古籍重点保护单位"，2011 年被评为江苏省"十一五"古籍保护先进单位，2014 年被评为"全国古籍保护先进单位"。

　　古籍保存条件　古籍书库位于我馆三楼，面积 351.4 平方米，按照国家古籍特藏书库的标准建设，配备了独立的中央空调及除湿设备，库房内采用二氧化碳气体灭火装置，书库开窗的部位，均安装了防紫外线的窗帘，书库内部采用特殊防紫外线灯。古籍书柜也为专门定制，柜体表面为高密度板材，内部为樟木夹板，配合专门的防虫中草药，有效预防了虫蛀现象的发生。

古籍书库

古籍普查工作 根据国家古籍普查的精神，我馆对馆藏古籍进行了细致的整理摸排，积极参与国家及省级"珍贵古籍名录"的申报工作，先后有 14 部古籍入选《国家珍贵古籍名录》，另有 32 部古籍入选《江苏省珍贵古籍名录》。在省古籍保护中心的指导下，我馆对照古籍普查的标准与要求，对馆藏古籍进行了普查登记工作，整理提交了 5215 条普查数据，现已进入最后的出版环节。另外，针对馆藏的全部古籍及民国平装书籍，我馆也于 2007 年就完成了电子目录的制作工作，登录我馆网站或通过我馆"悦读吴江"微信公众号，通过题名、作者、主题词等检索途径，都可以查询我馆馆藏古籍的信息。

古籍修复 古籍修复工作需要专门人才方能从事。为此，我馆于 2009 年通过公开招考的方式，引进了毕业于南京金陵科技学院古籍修复专业的毕业生，进入我馆从事古籍修复工作，确保我馆古籍修复工作的科学进行。近几年来，先后派其参加了省市举办的多种古籍修复培训班，不断提高古籍修复技能。在古籍修复工作硬件设施建设方面，我馆通过申请古籍保护专项经费，建立专门的古籍修复室及书页冲洗室。先后购置了部分古籍修复设备，如纸张厚度测试仪、纸张 PH 值测试仪、低温除虫柜等，配合国家中心为我馆配备的除尘修复工

古籍修复室

古籍修复工作照

防虫药物

古籍展览

古籍阅览室

作台、拷贝修复工作台以及超声乳化修复仪，应该说，我馆的古籍修复工作条件有了根本性改善，为古籍修复工作的顺利开展打下了坚实的基础。

古籍文献的整理开发 我馆对馆藏的 20 余部吴江历代县志及乡镇志进行了全文数字化的处理，并且在网站上进行了发布。读者只需登录我馆网站，进入相关数字资源板块，便可阅览这些古

吴江古代地方志汇编光盘

《吴江艺文志》

籍文献，并且支持全文检索，大大省却了读者查找文献的时间。2012 年我馆编纂出版了《吴江艺文志》一书，全书收录了从两汉至民国期间的 3000 多位吴江籍学者及其著作情况，是对《江苏艺文志》及《苏州民国艺文志》的重要补充。2017 年我馆还出版了《吴江学者碑传集》一书，全书 50 余万字，收录了吴江历史上重要的三百余位学者的墓志铭、行状、传略等资料，是学者们研究吴江人文历史的重要参考资料。

古籍保护宣传 为扩大古籍保护工作的宣传力度，唤醒全社会对珍贵古籍积极抢救、保护的意识，在 2014 年 4 月份我区举办的首届"太湖文化节"上，我馆精心制作了十余块展板，举办"吴江图书馆馆藏古籍珍品展"，吸引众多市民前来观展，为广大市民提供了一次近距离了解古籍、认识古籍的机会，获得了良好的社会反响。

（供稿人：苏州市吴江区图书馆　王德朋）

苏州大学图书馆

苏州大学图书馆历史悠久，百年典藏，承载学史。古籍中心位于独墅湖校区炳麟图书馆六楼，线装书籍藏量约 15 万册，含善本 7000 余册。自 2007 年"中华古籍保护计划"开始实施，在历任领导的大力支持下，我馆积极开展古籍保护相关工作，在古籍收藏、普查编目、全文数字化、古籍修复、文献征集、人才培养等方面，均取得长足发展。

2008 年，我馆入选首批"全国古籍重点保护单位"，馆藏 28 部善本陆续入选《国家珍贵古籍名录》，59 部善本入选《江苏省珍贵古籍名录》。在"保护为主、抢救第一、合理利用、加强管理"十六字方针的指导下，我馆的古籍保护工作更加科学、更加规范。首先，从制度上加强古籍阅览和管理，制定了《线装古籍阅览规则》《善本库管理规定》《苏州大学图书馆善本阅览申请书》等；其次，积极改善古籍保管条件，为阅览室和书库安装了监控摄像头和警报系统，并向学校申请古籍保护专项经费，购买防虫樟木夹板；再次，我馆历年配有古籍专项经费，用于大型影印古籍文

古籍中心阅览室

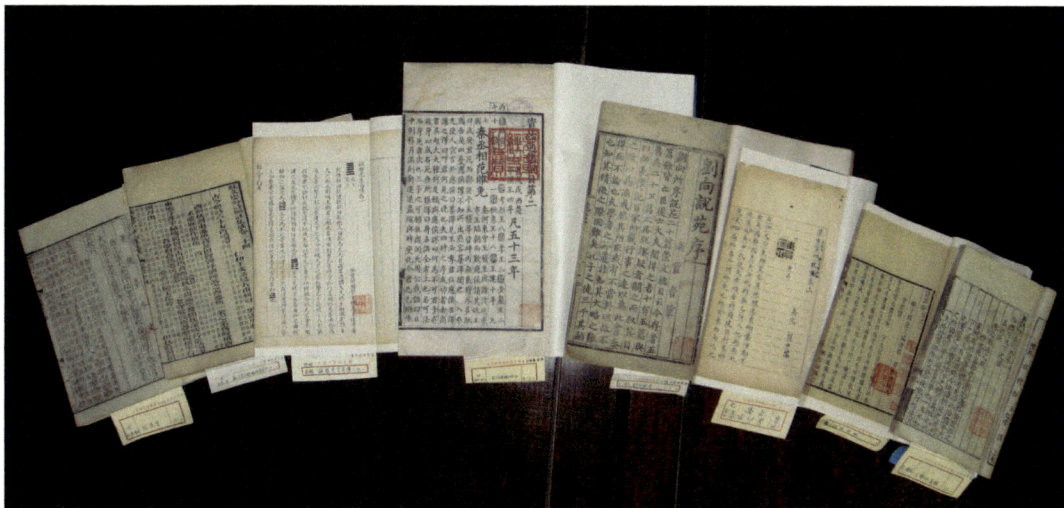

入选《国家珍贵古籍名录》的善本

书库一隅

古籍中心馆舍

献的购买，这些影印文献是对原典文献的再生性保护，大大缓解了原版古籍的使用压力，保障其传承安全。

2008 年至 2015 年，我馆在传统卡片目录的基础上，借助 OPAC 系统，逐渐完成馆藏古籍的电子编目工作，校内外读者可通过"馆藏书目检索系统"查询利用。2011 年至 2012 年，我馆参加了"高校古文献资源库"建设，提交古籍书目数据 13000 余条，书影 10758 页，实现高校系统内的书目数据共享。2012年始，我馆开展古籍普查登记工作，对馆藏古籍进行了全面清点核对，规范著录于"全国古籍普查平台"。2017 年 2 月，《苏州大学图书馆古籍普查登记目录》由国家图书馆出版社正式出版，收录馆藏古籍书目 10728 条。2017 年至今，我们着手整理一批未解捆的旧书，数量约

2 至 3 万册，自 20 世纪 80 年代一直深置库房，未经清点和编目。这批书多为残本、复本，混乱打包，整理难度较大，目前已清点线装书 1 万余册。

为了加强对原版古籍的保护，我馆积极开展了古籍数字化工作。2010 年至 2012 年，参加了《大学数字图书馆国际合作计划（CADAL）》二期建设，实现馆藏 2958 部 14128 册线装书籍的全文数字化，于本馆主页发布了"苏州大学古籍资源数据库"，本校师生同时得以共享"CADAL（大学数字图书馆国际合作计划）古籍与民国文献资源库"的丰富资料。在此期间，我馆还参加了《中日两国保护非物质文化遗产及创造新文化传统的合作研究》项目，与日本金沢大学历史言语文化学系、苏州大学文学院合作，完成馆藏部分弹词宝卷的全文数字化和整理点校，《苏州大学图书馆藏宝卷五种》《苏州大学图书馆藏宝卷六种》《苏州大学图书馆藏弹词玉蜻蜓》《苏州大学图书馆藏弹词珍珠塔》陆续出版。

我馆历来重视古籍修复工作，有计划、有步骤地开展多年，建立了《苏州大学图书馆古籍修复档案》，详及修复书籍的题名、索书号、年代、总册数、

古籍整理工作现场

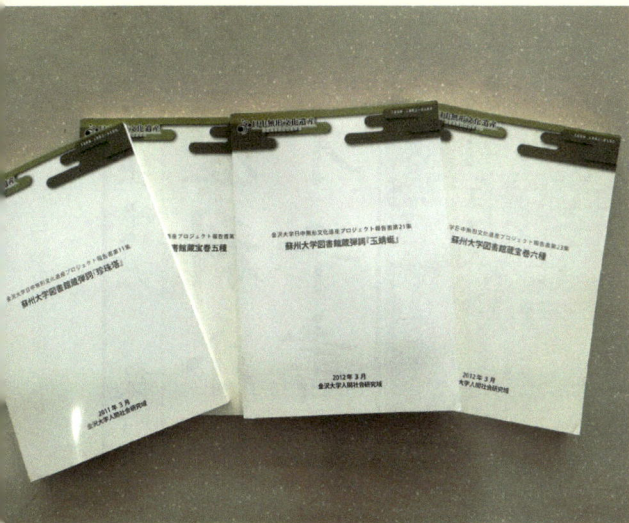

出版成果

古籍修复

送修册数、装帧形式、页数、最大长度、最大宽度、破损状况、修复方案、修复材料、修复过程、承修人姓名、承修起始日期等内容。我馆也非常重视修复人才的培养，重视修复工艺的薪火传承与进步发展。原有专职的古籍修复工作人员1名，拥有数十年修复经验。2017年，我馆又成功引进中国社会科学院文博专业硕士研究生1名，专职古籍修复，以"师带徒"的形式培养和储备人才。

我馆古籍收藏的历史来源比较多样，私人捐赠是重要来源之一。近十年，我们仍积极吸纳各方爱国人士、海内外校友及社会各界对我馆的捐赠，不断丰富馆藏古文献资源的种类和数量。2008年始，我馆获教育部赠送《中华再造善本》；2010年校友方汉奇先生捐赠晚清《述报》；2011年苏州古籍收藏名家李品德先生向我馆捐赠珍贵的清代科举文献15种60余册；2017年始，原苏州医学院院长杜子威先生多次从日本远渡而来，向我馆捐赠私人藏书，仅线装书籍已达265种1282册，以和本汉籍为主，为师生们的学习研究提供了珍贵资料。

历任馆领导均注重古籍保护工作的队伍建设，多年来坚持培养和引进人才。

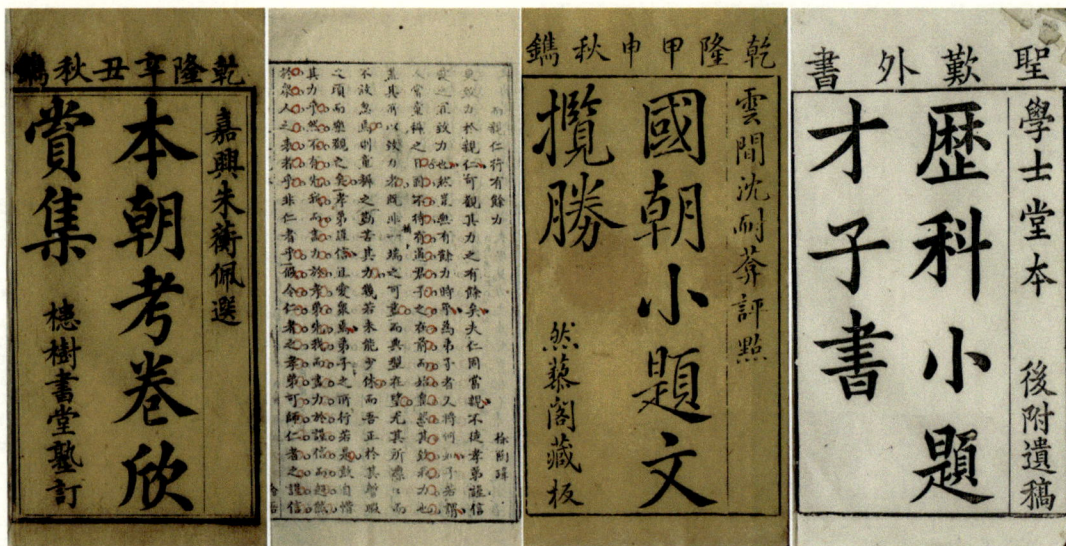

李品德先生捐赠图书

杜子威先生捐书仪式

方汉奇先生捐赠仪式

杜子威先生捐赠图书

古籍中心现有工作人员 8 名，其中博士 5 人，硕士 2 人，均有古文献方面的知识背景。我们也积极参加国家和省古保中心组织的各类业务培训班，努力提高工作人员的业务能力。

古籍保护工作的耕耘之路，对我们来说，是一次全面学习、拓宽眼界、深化认知的重要历程，有辛苦和付出，也有收获和肯定。2011 年、2016 年，我馆两次荣获"江苏省古籍保护先进单位"称号，三人荣获"江苏省古籍保护先进个人"。我们衷心感谢国家古保中心、江苏省古保中心的指导帮助，未来我们将一如既往，配合各级古保中心的统一部署，认真做好相关工作。

（供稿人：苏州大学图书馆 冯一 朱琴）

苏州博物馆

　　苏州博物馆成立于 1960 年，是地方历史文化综合性博物馆，也是苏州文物收藏、保护、研究及展示中心。原馆址为全国重点文物保护单位，现存最为完整的太平天国王府——忠王府。苏州博物馆新馆是国内唯一一座由世界著名建筑大师贝聿铭亲自设计的博物馆，于 2006 年 10 月竣工开馆。新馆占地面积约 10700 平方米，建筑面积 19000 平方米，加上修葺一新的太平天国忠王府，总建筑面积 26500 平方米，和毗邻的拙政园、狮子林等园林名胜构成了一条丰富多彩的文化长廊。

　　苏州博物馆现藏有 10 万余册（件）古籍，其中善本 722 种（3350 册 / 件），以苏州地方文献、地方石刻拓片和家谱为收藏大宗及特色。2007 年 8 月，苏州博物馆被国家文化部列入首批全国古籍普查试点单位。经不断改善馆藏古籍的保护条件、规范工作流程，2009 年，苏州博物馆入选首批"江苏省古籍重点保护单位"；2010 年，苏州博物馆被评为"全国古籍重点保护单位"；2011 年，苏州博物馆又被评为"'十一五'江苏省古籍保护先进

古籍藏书楼

藏书楼

图书馆阅览室

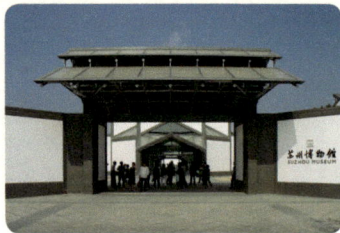

苏州博物馆外景

单位"。2007 年 8 月至 2009 年底，苏州博物馆按计划保质保量地完成全部馆藏古籍善本（504 种 1934 册）和经卷（13 种 27 卷）的普查登记工作，其中 67 种古籍入选《国家珍贵古籍名录》，数量上仅次于苏州图书馆，在苏州大市范围内位居第二，另有 127 种馆藏古籍入选《江苏省珍贵古籍名录》。

苏州博物馆现有单独的古籍库房 2 个，总面积 730 平方米；古籍阅览室 2 个，总面积 150 平方米。库房中配置了空调和除湿机等设备，古籍收藏和保存条件较好，并设有独立的图书资料部，进行古籍及地方文献的采编、修复、二次文献开发及读者服务工作。苏州博物馆针对古籍书库制定了一系列的管理制度，包括《资料部库房管理及安全卫生制度》《苏州博物馆古籍阅览制度》《采编工作制度》《图书和古籍复印若干规定》等。

目前，苏州博物馆现有专业古籍修复人员 1 名，专门从事馆藏古籍的修复工作。新馆开馆后，修复古籍 300 余种、

1800 余册，拓片 270 余张。2007 年以来，苏州博物馆以全国古籍普查为契机，组织安排多位从事古籍工作的人员参加各类古籍保护工作会议和培训班 11 次。

从 2007 年 8 月开始，我馆认真组织古籍普查人员，成立普查小组，制订详细的普查计划，积极投入到这一全国性重点古籍保护工作中。2010 年，继完成善本和经卷的普查登记工作后，又启动了馆藏普本古籍和苏州地方文献的普查工作。此后，又积极参与国家文物局组织的"全国第一次可移动文物普查"，于 2015 年完成了馆藏 6181 种古籍的数据采集与登录工作。

苏州博物馆历来重视古籍的"藏用并举"。2008 年，苏州博物馆图书馆与信息技术部合作，申报了江苏省科研课题——《馆藏家谱及民间家谱数字化保护技术的探索》，对馆藏百余种家谱进行数字化处理，建立了馆藏家谱数据库，并开发研制了一套馆藏古籍数据库查询系统。目前，苏州博物馆家谱数据库建

设工作基本完成，所有馆藏家谱可供读者直接在线查阅全文书影，方便读者查阅，受到读者一致好评。

2012年，编辑出版《苏州博物馆藏古籍善本》图录，较为全面地反映了馆藏古籍普查的成果。2016年，举办"木石缥缃——馆藏善本古籍碑拓特展"，向广大观众展示馆藏古籍的整体概貌。我馆并将馆藏古籍中的善本、稿抄本陆续数字化，建立馆藏古籍善本数据库，目前已在馆内试运行，相关数据正不断增加。馆藏稿抄中的日记一类，全部扫描后，与文物出版社合作，影印出版了《苏州博物馆藏晚清名人日记稿本丛刊》（2016年）、《苏州博物馆藏近代名人日记稿本丛刊》（2017年）；另外，通过普查，发现普本中有不少珍贵文献，如与国家图书馆出版社合作出版的《苏州博物馆藏古吴莲勺庐抄本戏曲文献汇编》（2018年），收录馆藏戏曲抄本173册，可与此前该社出版的国家图书馆藏《郑振铎藏古吴莲勺庐抄本戏曲百种》合璧。

（供稿人：苏州博物馆　李军）

"木石缥缃"特展海报　　潘祖荫日记（稿本）

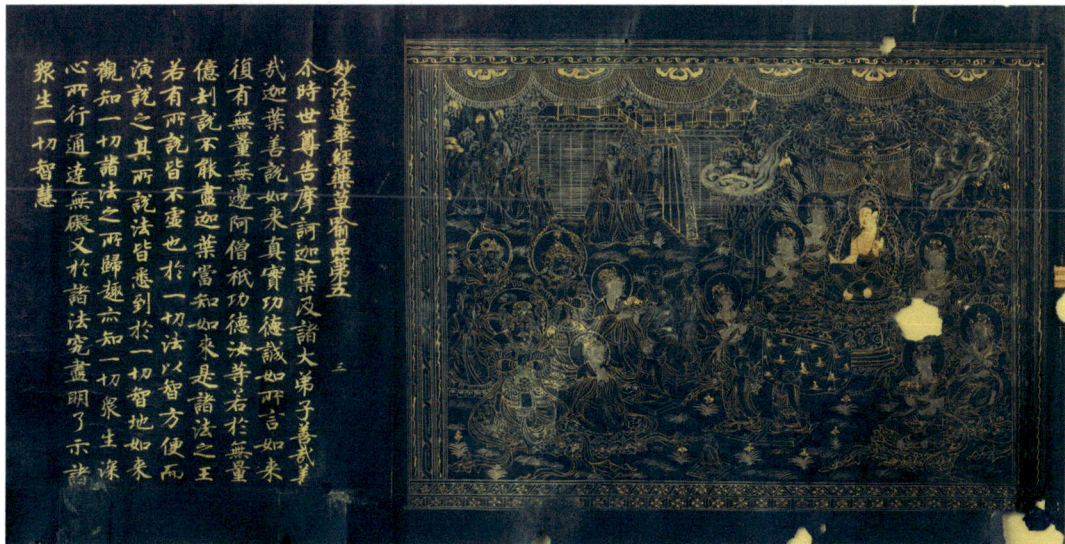

《妙法莲华经》（唐五代泥金写本）

南通市图书馆

自 2007 年"中华古籍保护计划"开始，我馆积极争取上级领导和财政的支持，加强了古籍保护工作力度。近几年，在古籍经费投入、人才培养与引进、古籍普查工作、古籍展览、数字化制作推广以及相关文献的出版工作等方面取得了可喜的成绩。2015 年，南通市图书馆新馆正式开放。其中古籍用房为 1500 平方米，包括 900 平方米的专用库房和 400 平方米的阅览室，另外还设地方文献研究阅览室、古籍修复室、普查办公室等专用场所。

落实经费　提高保障　从 2007 年开始，我馆逐渐增加对古籍保护的经费投入，每年的古籍保护经费为 16 万元。2012 年我们申请民国文献数字化项目，约 30 万元的项目资金，完成两份民国报纸的数字化制作；2014 年我馆申请到善本古籍数字化项目，项目资金 80 万元，用于馆藏善本的数字化制作，至 2018 年该项目已顺利完成。申请专项资金 30 万元，购买进口书刊扫描仪塞数 OS12002，用于本馆的数字化扫描制作。

引进人才　加强培训　近几年我馆招聘有古典文献专业 4 人，古籍修复专业 2 人，并留用一位退休的古籍专家。此外，我们还积极参加国家和

古籍书架

名录申报

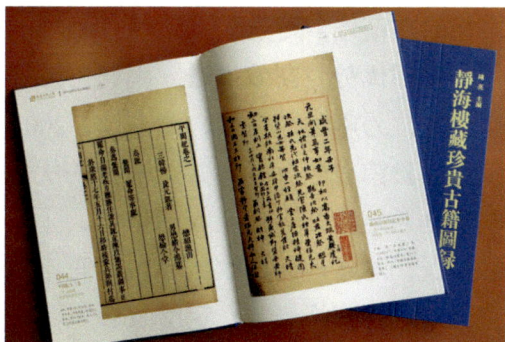
出版古籍图录

古籍数字化加工

古籍普查编目

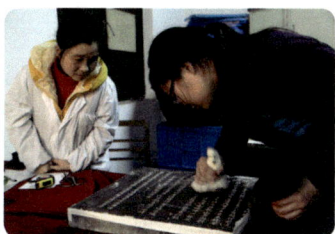
制作拓片

省里举办的古籍修复、普查、民国文献普查等多种类型的培训。

建设库房　强化达标　2015 年，南通市图书馆新馆正式开放。古籍书库配置各项保护设备，新库房采用全控温控湿空调系统。新制古籍书橱，在善本库房中定制了密集橱。建有地方文献研究阅览室、古籍修复室、普查办公室等专用场所。国家古籍保护中心补充了一批修复设备，包括有古籍除尘仪器、透光装裱台、超声波清洗机等设备。

推进数字化　提升服务　我馆近几年着力于古籍文献数字化的工作。采购进口书刊扫描仪，开展古籍数字化项目并上线使用取得了良好的效应。（1）

2012 年我们申请民国文献数字化项目，完成两份民国报纸的数字化制作，共扫描文件 26998 个。包括《南通日报》10 年 109 个月 2817 期；《通海新报》共 15 年 166 个月 2791 期。制作报纸日期、期号、标题、作者的索引。现在已经在我馆的网页中可以在线检索阅览。（2）2014 我馆申请到善本古籍数字化项目，项目资金 80 万，用于馆藏善本的数字化制作。于 2018 年完成，制作 11 万余拍，其中 2.7 万筒子页为全文检索。此数据库收录文献 110 种，分经史子集四部，主要为明清善本及部分珍贵的地方文献。除了自建古籍数据库外，我们还购买基本古籍数据库等数字成品，充实

本馆的古籍数字阅览。

发挥优势 高效推进 南通市图书馆新馆定位为南通地区中心图书馆，2007 年以来，我馆充分发挥公共图书馆的优势，联系南通地区的各古籍收藏单位，了解存藏情况，对本地区的收藏单位普查申报、整理编目、古籍修复、定级及版本鉴定等业务工作进行指导。邀请省古籍保护中心的专家对本地区的古籍保护工作进行指导。在 2012 年我馆百年之际举办了"静海楼藏古籍精品图片展"；举办古籍保护成果展的南通地区巡展；2014 年 2 月 15 日至 6 月 26 日，与南通博物苑联合举办的"清苦忠直梦强国——寓通先贤周懋琦遗珍展"在南通博物苑展出。此外，我们多次举办"南通人著作展"，推广宣传南通地方著作。

由于思想重视、措施到位，南通市古籍保护工作取得了重大进展，2007 年至今已有 32 部入选《国家珍贵古籍名录》，141 部入选《江苏省珍贵古籍名录》；于 2009 年被评为第二批"全国古籍重点保护单位"和首批"江苏省古籍重点保护单位"；2011 年荣获"江苏省'十一五'古籍保护先进单位"称号，有 137 部入《全国善本书目》；2018 年完成本馆的古籍普查工作。2015 年编辑出版了《静海楼藏珍贵古籍图录》，该书收录有南通市图书馆古籍部静海楼藏被列入《中国古籍善本书目》《全国珍贵古籍名录》《江苏省珍贵古籍名录》的图书以及部分珍稀古籍、地方文献，是我馆古籍普查工作的成果之一。

2012 年"静海楼藏古籍精品展"

2015 年"周懋琦遗珍展"

2015 年"周懋琦遗珍展"

古籍阅览开架区域

扬州市图书馆

    概况   扬州市图书馆馆藏古籍 13.2 万册，列入《中国古籍善本书目》的有 250 部 5531 册，以较为丰富的文史资料和扬州地方文献藏书为特色。2010 年被评为首批"江苏省古籍重点保护单位"、第三批"全国古籍重点保护单位"；2011 年荣获"江苏省'十一五'古籍保护先进单位"称号；2016 年荣获"江苏省古籍保护工作先进单位"称号，是复旦大学图书情报（古籍保护与修复方向）专业研究生的实践基地。

    古籍收藏及保护   2010 年 10 月新馆正式落成开放。新馆严格按照图书馆相关规定建造，古籍库房面积 500 平方米，配置各项保护设备。普本库房选用钢制密集型书橱，善本库房定制了樟木书柜；气体自动灭火、恒

扫描工作

修复工作

温恒湿、监控报警系统、杀虫等各项保护设备齐全；珍本古籍配有函套防护；定期投放天然樟脑精防虫；制定各项管理制度，规范古籍保护工作流程。古籍库房实现了普本、善本库藏书的及时调整；普本库房划分出了严格意义上的古籍专区，避免了酸性纸质文献对古籍的接触性损害。

古籍普查　名录申报　我馆完成了古籍馆藏主体 11.2 万册藏书的古籍普查登记工作，整理出 9000 多部、近 8 万册古籍，并将数据上交江苏省古籍保护中心审校，准备出版《江苏省扬州市图书馆古籍普查登记目录》。积极进行国家和省级"古籍珍贵名录"申报工作，共有 75 部入选《国家珍贵古籍名录》，196 部入选《江苏省珍贵古籍名录》。

古籍修复　我馆有 2 名专业古籍修

破损古籍修复前后对比

复人员，逐步开展对馆藏受损古籍的修复工作，目前完成古籍订线 549 册，古籍修复 8 种 564 张，如《荆楚修疏指要》《方忘溪年谱》《妇人良方》《补宋刑法志》等。

扬州地方文献古籍数据库

大雅芸台——纪念阮元诞辰 250 周年文物联展

古籍数字化 根据国家"积极采用现代技术复制抢救珍贵古籍"的要求，我馆制定保护和开发利用计划，专项购买了赛数 12002 扫描仪，按计划高清扫描。遴选 24 种 50 册珍贵古籍刻本、稿本制成珍本复印本，供读者使用，以期逐步达到收藏保护与开发利用两全的目的。创建"扬州地方文献古籍数据库"。此数据库收录地方文献古籍 146 种，分经史子集四部，并分列府志盐志专题、地理艺文专题、江都专题、甘泉专题、宝应专题、扬州名人专题、寓居名人专题 7 种专题，多角度呈现扬州地方文献古籍。

线装书装帧体验活动

古籍整理与研究 参与市宣传部重点项目《扬州文库》的整理出版。我馆积极配合项目组的工作，参会研讨，提供馆藏 60 种特色地方文献稿抄本及他馆未见刻本的底本影印出版，大大充实了收录范围，使本馆珍藏秘籍发行流布，传承和繁荣了扬州地方文化，馆长朱军编著《扬州书院和藏书家史话》。此书是一部专门研究扬州地区书院和藏书家历史的专著，它的出版是对扬州文化史的重要补充。

复旦大学实践基地

朱军著《扬州书院和藏书家史话》　《扬州文库》

文化扬州著作图片展

宣传推广 （1）举办展览，展现馆藏古籍精品。以"文化扬州"为基本涵义，举办了"文化扬州著作图片展"；参与协办扬州博物馆主办的"大雅芸台——纪念阮元诞辰 250 周年文物联展"；承办"中华古籍保护计划成果展"扬州站巡展。（2）举办"走近古籍——线装书装帧体验活动"。此项活动使大家接触到古籍装帧这一传统技艺，借此了解中华传统文化，十分有意义。（3）通过媒体、网站、微信等平台发布信息扩大古籍保护的影响力。以上举措，创造了使全社会都能参与到古籍保护的一个良好氛围。

发挥古籍保护中心职能，推进本地区古籍保护事业的发展。

我馆工作人员深入县区图书馆全面了解和掌握各单位古籍收藏情况；对所辖县市收藏单位业务工作进行指导，并接受基层馆派员来我馆跟班学习；开展古籍业务知识讲座，聘请省古保中心专家授课，提升扬州全市古籍编目从业人员的工作能力。

（供稿人：扬州市图书馆　徐时云）

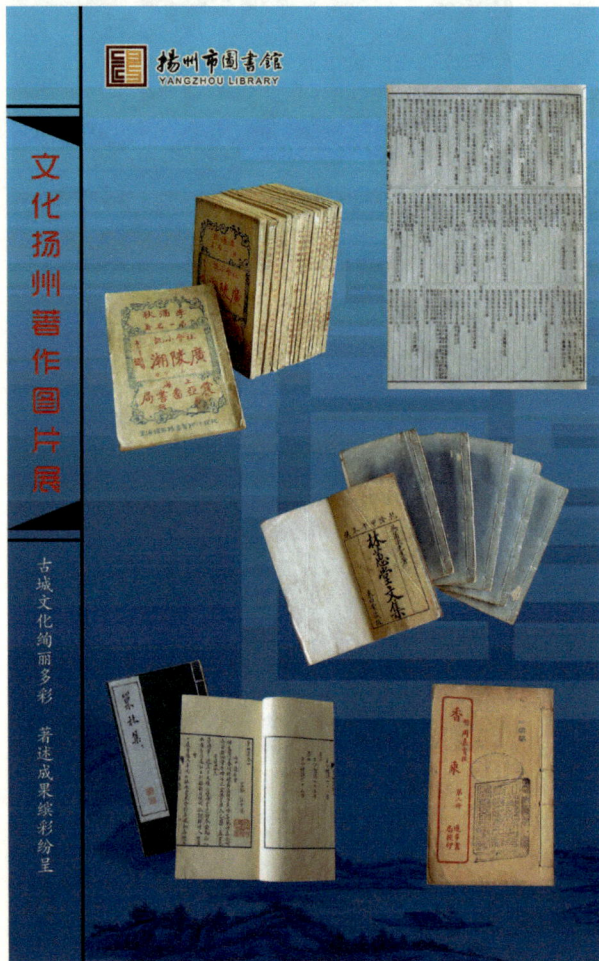

扬州大学图书馆

扬州大学图书馆是国务院公布的第二批"全国古籍重点保护单位"和首批"江苏省古籍重点保护单位"。

古籍特藏部现有工作人员8人，其中古代文学和古典文献学博士2人，古代文学硕士3人，艺术学理论硕士1人。古籍书库总面积450平方米，古籍阅览室面积460平方米。古籍藏量10万余册，其中善本古籍373部，9部入选《国家珍贵古籍名录》，22部入选《江苏省珍贵古籍名录》。馆藏中苏北方志、清人别集、扬州地方文献等颇具特色。

2010年，为完成好《中华古籍总目·江苏卷》编纂工作，对馆藏古籍进行了全面清点核对，做到帐物相符，保证提供编纂资料的真实有效。

2012年，按照国家要求，开始进行馆藏古籍普查登记工作。在古籍普查人员的辛勤努力下，圆满完成了普查登记任务。2016年9月《扬州大学图书馆古籍普查登记目录》由国家图书馆出版社出版发行。

2012年6月，本馆与扬州广陵书社合作，影印复制明正德七年（1512）

扬州大学图书馆（逸夫馆）

古籍库

档案专业学生到古籍特藏部实习

档案专业学生到古籍特藏部参观古籍修复工作

刻本《京口三山志》，作为对外学术交流之用。

2014年，扬州市为迎庆建市2500周年，编纂《扬州文库》，本馆13种古籍入选，并参与了其提要撰写工作。2015年6月该书由扬州广陵书社出版。

2014年7月，本馆精选85种典籍，

集成《扬州大学图书馆藏古籍珍本丛刊》，共计100册。书中扬州本地作者就有20余人，而江苏籍作者的著作，共达50余部。对这些当地文献的搜集与整理出版，丰富了地域文化的内容，有助于地域文化的研究，也展现了明清扬州人文鼎盛的面貌，同时对传统文化整理和保护也

《扬州大学图书馆藏古籍珍本丛刊》

影印馆藏《京口三山志》

古籍修复前后对照

起到了一定的作用。该书于 2015 年 8 月由学苑出版社出版发行。

2017 年 6 月，《扬州大学图书馆馆藏善本书目提要》撰成，内容包括书名、卷数、著者、版本、册数、主要内容以及作者简介等，该书由扬州广陵书社出版。这是扬州大学图书馆古籍整理、保护与研究工作的又一重要成果。

近几年扫描馆藏古籍中扬州地方文献 63 部，2 万余拍，配有介绍文字，建成数据库《馆藏扬州文化典籍库》，深受读者欢迎。

同时，本馆的古籍修复已经进入常态化，建有完整规范的古籍修复档案。自 2011 年以来，图书馆与学院合作，把古籍特藏部确定为扬州大学社会发展学院档案保护专业学生的实习基地，每年有 60 余名学生前来实习。

古籍研究方面，承担省教育厅科研项目二项，国家社科基金项目一项，参与国家社科基金青年项目一项、教育部青年基金项目一项。发表相关论文近 30 篇。

总之，多年来，扬州大学图书馆在完成国家、江苏省珍贵古籍名录申报、全国古籍普查登记、古籍著录、保护与开发利用研究、馆藏古籍数字化、多途径为读者提供古籍资源等方面，做了大量工作。2011 年扬州大学图书馆被江苏省古籍保护中心评为"江苏省'十一五'古籍保护工作先进单位"；2016 年 7 月，被江苏省古籍保护中心授予"江苏省古籍保护工作先进单位"称号。

（供稿人：扬州大学图书馆　洪涛）

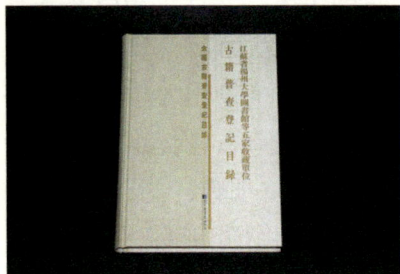

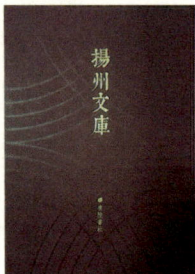

《江苏省扬州大学图书馆等五家收藏单位古籍普查登记目录》

参编《扬州文库》

《扬州大学图书馆藏古籍善本书目提要》

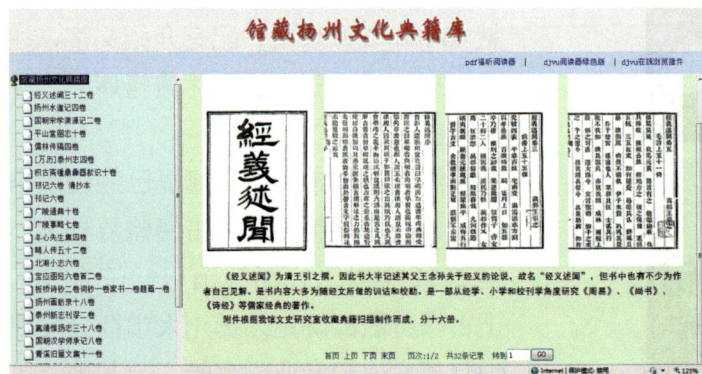

馆藏古籍数字化（网页）

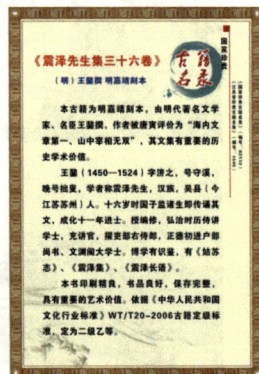

馆藏珍贵古籍宣传

镇江市图书馆

镇江市图书馆在 1933 年成立的"江苏省立镇江图书馆"基础上，吸收了绍宗藏书楼、游经楼、传经楼等多家藏书机构的馆藏，目前藏有古籍 17 万余册，在省内位居前列。2009 年被国务院列为"全国古籍重点保护单位"。

设施与管理　按照国家有关标准，本馆增设或更新了各种防火、防盗、防潮、防光、除尘等保护设施，建立了严格的管理制度，大幅提升了古籍的保管条件。新馆的筹建工作正在推进中。

古籍普查与珍贵古籍名录　2008 年以来，本馆通过全国古籍普查平台登记了古籍数据 6000 余条，完成对已编目古籍的普查工作。积极参与《国家珍贵古籍名录》和《江苏省珍贵古籍名录》的申报工作，先后有 31 部古籍入选《国家珍贵古籍名录》，百余部古籍入选《江苏省珍贵古籍名录》，其中不乏珍贵的内府刻本、套印本、活字本、稿本、抄本及四库采进本，而《檀园字说》《古今全史一览》等古籍更是天下罕觐的珍本。2009 —

2016 年 7 月，镇江市图书馆工作人员就《镇江市古籍保护办法》的起草问题赴国家古籍保护中心进行调研

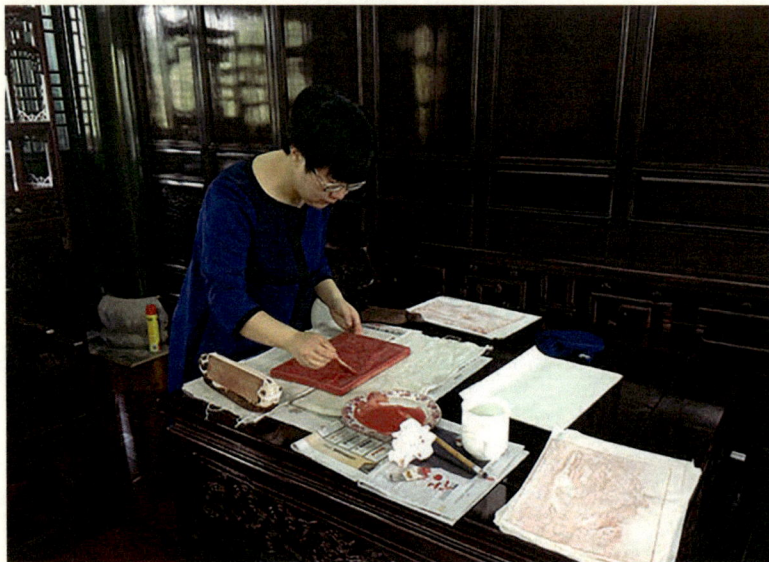

在金山文宗阁向市民演示古籍雕版印刷工艺

2010 年，本馆主持评选了第一批《镇江市珍贵古籍名录》，2011 年由镇江市政府正式公布，这是省内乃至全国第一部地市级的珍贵古籍名录。

古籍保护立法 2016—2017 年，本馆结合国家相关的法律法规和文件精神，广泛征集全市古籍收藏单位和个人的意见，经省内外古籍专家审阅，起草了市政府规章《镇江市古籍保护办法》。2017 年 4 月，《办法》由镇江市政府正式颁布，7 月 1 日起实施。这是国内关于古籍保护的第一部地方法规，国家古籍保护中心主任张志清等予以高度评价，认为它"具有里程碑的意义"。

古籍数字化 本馆先于 2007 年研制了"《文心雕龙》全文数据库"，后来又进一步完成了教育部 CALIS 特色数据库子项目"《文心雕龙》专题特色数据库"。2014 年以来，本馆先后将 500 余种 1000 余册地方文献古籍和善本古籍作了数字化扫描和文本识别，包括府县志、山水志、寺观志等多种资料，并将致力于建立一个资料丰富、检索便捷的镇江历史文献资源库。

古籍整理出版 从 2016 年起，本馆具体实施了大型地方文献史料丛刊《镇江文库》的编辑出版工作，它将汇集海内外现存有关镇江政治、经济、军事、文化等各方面的重要史料并进行影印，以彰显历史文化名城镇江 3000 余年来的历史轨迹和城市特征。本馆还为近年出版的《清代诗文集汇编》《无锡文库》《泰州文献》《江苏社会救济与慈善文献丛刊》等提供了底本。

古籍修复　本馆从 2010 年起建立了古籍修复室，配备有古籍文献除尘修复工作台、中国字画拷贝工作台、超声波修复仪、压书机等修复设备，以及各种工具、材料，实现了古籍修复工作的常规化。近几年间，修复人员通过补洞、溜边、托页等办法，对本馆所藏古籍中破损较严重的 3000 余页作了修复。

古籍保护人员培训　先后多次派工作人员参加国家和省古籍保护中心举办的培训班，包括书志编纂、古籍登记目录审校、古籍修复、古籍保护技术、传拓技术等多个项目。并多次组织本馆及镇江市各单位古籍保护人员从事相关的培训学习。

古籍保护宣传　本馆先后自主设计并举行了"镇江市十一五古籍保护成果展""印象·读书·京江——镇江市图书馆藏书印展""书卷上的镇江——讲述镇江与书籍的故事""文笔东南第一峰——镇江学者柳诒徵的书卷生涯""建章立制 守护芸编——《镇江市古籍保护办法》颁行一周年图文展"等多场展览活动，在镇江各地进行巡回展出，多维

开展古籍数字化工作

古籍修复

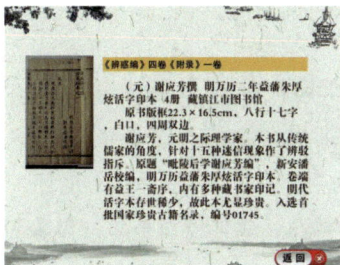

2012 年开通的"电视图书馆"

古籍书库一角

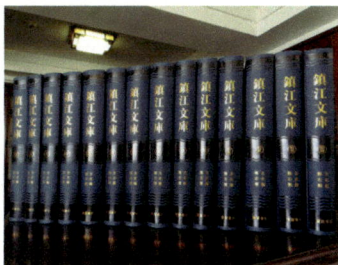

《镇江文库》方志编府志卷

印象·读书·京江——镇江市图书馆古籍藏书印展

2015 年 7 月，镇江市图书馆举行"书卷上的镇江"图文展

2011 年 4 月，镇江市"十一五"古籍保护成果展

度展示镇江古籍保护成果和有关古籍的历史文化知识。并通过电视、报纸、期刊、网站、微博、微信等多种媒体对古籍保护工作进行宣传介绍。

镇江的古籍保护工作任重而道远，我们期待与社会各方面力量协同一道，共同担负起我们的责任。

（供稿人：镇江市图书馆　彭义）

泰州市图书馆

　　泰州市图书馆始建于 1922 年，迄今已有 95 年历史，是江苏省建馆较早的公共图书馆之一。建馆初期，藏书主要以古籍为主，馆内附设古物保存所和国学研究社。至 2006 年，馆内拥有 5.9 万册线装书籍，其中不乏善本、珍本，因受收藏条件限制，部分古籍出现不同程度的虫蛀和纸张脆化现象。2007 年，馆领导响应国务院办公厅发布的《关于进一步加强古籍保护工作的意见》，积极参与到"中华古籍保护计划"之中，将古籍保护工作纳入当年的工作目标，多次向有关部门提出申请，争取财政拨款，购买了四组密集型书架存放古籍善本和其他珍贵文献资料，尽力改善古籍的存藏条件。

　　2012 年，面积 1.5 万平方米的泰州市图书馆新馆于市文化中心建成开放，新馆的古籍书库设于三楼，由两个无窗专用书库组成：290 平方米的普通古籍书库和 80 平方米的善本书库，分别采用实木书橱和密集型书架存放古籍。书库有严格的管理制度，安装了消防自动报警系统、门禁安全

江苏省泰州市图书馆新馆

系统、精密空调和自动气体灭火装置，有空气净化装置、除湿机，使用樟木垫板防虫防蛀；每天有专人记录温湿度，及时调整书库温湿度。

2014 年 7 月，国家古籍保护中心督察组来我馆考察，对工作提出了意见和建议。当年 9 月至 2015 年 5 月，我馆据此对古籍书库的部分设施进行改造，斥资 2.7 万元安装了 24 小时善本库监控系统、古籍书库人体红外感应器、烟感器等，在两个库房内设置了排烟通道，封闭了防火门下的缝隙，另外还投放了 500 袋防虫中草药，定期更换。

20 世纪 80 年代，我馆邀请南京图书馆潘天桢、沈燮元两位专家对馆藏古籍进行鉴定，析出善本并编制了相应书目。2007 年我馆以"中华古籍保护计划"为契机，对馆藏古籍书库进行全面清点，确定古籍善本为 346 部 3365 册。与此同时，古籍书目计算机录入工作正式开展。到 2010 年，经过系统清点、整理和著录，5.9 万册线装书籍及字画拓片等馆藏形成了新的计算机目录体系。在此基础上，2017 年 7 月又完成本馆古籍普查登记目录数据 6037 条，已提交省古籍保护中心审核。

十年来，我馆积极参与国家、省级珍贵古籍名录和全国古籍重点保护单位的申报活动（2011—2013 因搬迁暂停），11 部

古籍书库

2013—2015 年参与编制的《泰州文献》一至四辑丛书

古籍入选《国家珍贵古籍名录》，51 部入选《省珍贵古籍名录》。虽然我馆古籍保护工作基础比较薄弱，但近年来常抓不懈、持续进步，于 2016 年 5 月获批成为"全国古籍重点保护单位"。

古籍普查活动也有力地促进了人才培养工作。两位古籍普查员多次参加国家和省古保中心举办的各类古籍培训班，认真学习普查知识，学以致用，工作出色，先后被评为江苏省和全国古籍保护工作先进个人。

近年来随着文物市场的升温，古籍文献炙手可热，对于依靠财政拨款的公共图书馆来说，没有足够的经费，征集工作难以开展。我馆古籍工作人员凭借强烈的责任心，不辞辛苦四处奔波，通过大量的工作，用很少的经费征集了 4 块清代双面木雕版、8 种 46 册清末民国旧家谱和 4 部 11 册清代古籍。

2013 年，泰州市委宣传部筹备出版《泰州文献》系列丛书。我馆作为此书编委会成员单位，不仅提供了 100 多种历史文献底本，而且承担了丛书一至四辑大部分图像采集工作，该书已于 2016

入选国家级和省级珍贵古籍名录部分证书

历史文献研究成果

征集的古籍资料

古籍普查

年正式发行。此外，我馆还与一些科研单位和政府部门合作，先后参与 2013 年版《江苏地方文献书目》、2014 年版《太谷学派史稿》、2015 年版《泰州老地图集》、2016 年版《泰州志》《泰州历代书画名录》及《书香泰州》（待出版）等书籍的编纂和组稿工作。

为加快本馆数字资源建设，提高古籍利用率，我馆于 2015 年开始筹建自建数据库，内容分为六大类：历代志书、泰州文史、地方学派、地方家谱、馆藏珍籍、档案图片，以本馆收藏的纸质历史地方文献为主，涵盖泰州地域范围内的多种文史资料。特色库所有资源信息的采集、调整和上传工作均由我馆古籍普查员独立完成。2017 年 6 月，"泰州历史文献特色库"平台正式对外开放，目前已上传第一批自建数据——历史文献 103 部，共 14275 页，在网上为读者提供方便快捷的古籍全文图片查阅服务。

（供稿人：泰州市图书馆　颜萍）

2010 年 4 月原香港大学校长王赓武先生来馆寻根，查阅家史

举办馆史暨珍贵古籍展览

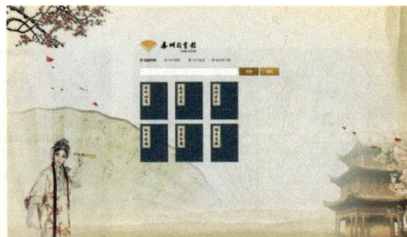

2017 年 6 月开通网上泰州历史文献特色库

江苏省古籍保护单位工作概览

南京晓庄学院图书馆

南京晓庄学院由著名教育家陶行知先生创办，拥有 90 年的办学历史，馆藏古籍凝聚着几代晓庄前辈们的心血。整理保护好这些珍贵古籍有着极其深远的意义。

2008 年学校建设新图书馆，我馆根据国家文化行业标准，抓住新馆建设的契机，在新馆的五楼建设了恒温恒湿的古籍特藏独立书库。2012 年新馆竣工，库房面积达 180 平方米，古籍阅览室面积达 294 平方米。除中央空调外，库中还安装了独立的恒温恒湿环境控制系统、火灾自动报警系统、温湿度记录仪、空气净化器、气体自动灭火系统等，还特别制作了 80 个樟木板书橱，将所有古籍都装进六面封套，放入樟木板书橱中保存。书库内外装有摄像监视、门磁报警系统，物业管理人员日夜值班监控。现在库房环境、条件已达到了恒温、恒湿、防虫、防尘、防盗、防老化的保护标准，所有馆藏古籍得到了妥善保护。

在"省古籍保护中心"的具体指导和大力帮助下我馆古籍普查工作顺利完成。经过对全部馆藏古籍一一核对清点、造册登记、编目整理，逐种录入信息等，彻底结束了古籍家底不清的局面。据统计，我校馆藏古籍838部9200余册，古籍善本100多部1000余册，其中明代刻本8部，3部古籍入选《江苏省珍贵古籍名录》。较早地完成本馆古籍普查工作，

工作人员整理古籍

校领导到古籍室参观指导工作

并于 2015 年出版了本馆古籍普查登记目录。

我馆利用报刊、网络媒体，广泛开展古籍保护宣传工作：一是在学校网页、校刊、图书馆网页上宣传报道古籍普查的工作情况；二是在图书馆网页上设有"特藏资源"，供读者在线阅览；三是在《图书馆资讯》上设有"古籍精品欣赏"，每期详细介绍馆藏古籍；四是接待来我校调研、学习考察的领导、学者参观古籍特藏，进行讲解宣传并设有展柜。

前几年古籍工作一直存在人员年龄老化的问题，人才培养迫在眉睫。2014 年我馆新引进了一位硕士研究生，经过三年的学习培训，她已具备了一定的古籍工作的业务素质，成为我馆古籍工作的生力军。

2012 年我馆新征集到两部古代戏曲曲谱古籍；近年我馆在核心期刊上多次发表馆藏古籍研究成果。2014 年省文化厅、省古籍保护中心组织开展的"江苏省古籍保护单位"评选工作中，我馆入选"江苏省古籍保护单位"，2016 年荣获"江苏省古籍保护工作先进单位"称号。

（供稿人：南京晓庄学院图书馆 杜京容 丁晓）

征集的古籍

馆藏古籍精品介绍

古籍科研成果展示

我校图书馆网站上古籍书目展示

宜兴市图书馆

宜兴市图书馆古籍部于 2015 年成立，目前收藏古籍 3236 部，包括地方文献 88 部，善本 82 部，颇多珍本：如明刻本《何氏语林》《小窗别纪》及地方文献《嘉庆荆溪县志》《光宣宜荆续志》等，明刻本《何氏语林》收录于《中国古籍善本书目》。2017 年入选"江苏省古籍保护单位"。

古籍部由古籍阅览室、古籍库房、古籍修复室 3 个科室组成，古籍书库配备有精密空调、除湿机、温湿度计等设备以保证古籍能在恒温恒湿的环境下收藏。全部藏书今整齐而宽松地平放于全实木书橱中，书橱隔板采用全香樟木制成，具有防虫驱虫的作用。较为珍贵的几套古籍存放于保险箱。古籍修复室配备高清扫描仪 1 套。古籍阅览室有座位 10 个，室内光线充足，绿植葱郁，配置 1 台查询电脑，能为读者提供一个良好的阅读环境。此外还有完备的安全保卫和消防疏散措施，书库门口设有摄像监控，库内配置了 5 套柜式七氟丙烷气体灭火装置，库外有安全消防通道。

宜兴市图书馆制订了《宜兴市图书馆古籍管理制度》和《宜兴市图书馆古籍阅读室读者须知》，古籍部配备了专职古籍工作者 2 名，其中 1 名是副研究馆员。专职工作人员负责古籍的日常出入库管理，定期除尘和消毒，能保证馆藏古籍在读者阅览过程中能受到充分的保护。

（供稿人：宜兴市图书馆　杨芝琴）

古籍普查工作

库房管理制度

古籍普查工作

古籍普查编目工作

古籍书库

苏州市吴中区图书馆

苏州市吴中区图书馆自 1925 年创建以来，一直致力于古籍的收藏保护工作，馆藏线装书近万册。其中部分古籍通过整理、申报，成功入选《国家珍贵古籍名录》9 部 54 册，入选《江苏省珍贵古籍名录》15 部 72 册。吴中区图书馆还入选"苏州市重点古籍收藏单位"，2014 年 12 月入选"江苏省古籍收藏单位"。

近年来，为了迎接图书馆新馆建设开放，馆内不断充实、丰富馆藏古籍文献资源，做好古籍文献的收集、保存和利用工作，更好地服务广大读者和相关研究人员，合理利用古籍专项经费，经专家鉴定，逐年收购古籍丰富馆藏：分别于 2014 年收购 8 部、2015 年收购 10 部、2016 年收购 2 部古籍，均为明清时期写本、刻本。同时图书馆制定了古籍文献捐赠细则，进一步扩大文献征集途径。

吴中区图书馆利用建设新馆的机会，于 2017 年建成古籍库房，改善古籍存放条件：新库房采用恒温恒湿、感应照明、一级防火等措施，符合《图

新建古籍阅览室

专家鉴定古籍

古籍修复

书馆古籍书库基本要求》（GB/T30227-2013），采用防虫载具放置古籍。同时建成古籍修复室，配备非接触式扫描仪、除尘修复台、低温冷藏柜等修复设备，为馆藏古籍的修复工作创造了有利条件。此外还新建古籍阅览室，配置电子阅览机具，实现古籍和电子古籍对读者开放，更好地服务广大读者和相关研究人员，更好地进行馆藏古籍资源的利用。

在人才培养上，吴中区图书馆分别

于 2015 年、2016 年、2017 年通过事业单位招聘考试成功招录古籍修复专业人员 3 名，加强古籍修复工作，逐步形成完善的古籍保护工作体系，加强古籍保护工作的人才培养。

同时进一步加强古籍的整理、出版和研究利用，吴中区图书馆组织工作人员开展古籍数字化工作，开发吴郡珍籍数据库，并出版数字化古籍《吴中珍籍》（ISBN：9787894005557，出版社：江苏

新建古籍修复室

凤凰电子音像出版社），提高馆藏古籍的利用率。

吴中区图书馆不定期组织策划古籍相关知识展览活动，努力做好古籍的宣传和推广，让古籍为更多的读者所了解。同时利用新媒体手段，通过新浪微博、腾讯微信公众号等新媒体渠道宣传和推广古籍相关内容，发挥互联网优势，扩大古籍知识宣传范围，增强社会的古籍保护意识。

自"中华古籍保护计划"实施以来，在江苏省古籍保护中心的指导和帮助下，吴中区图书馆于古籍收藏及保护、普查、人才培养、修复、文献征集、研究成果、宣传推广等多个方面都开展了相应工作，这些工作为吴中区图书馆今后古籍保护工作的进一步开展打下较好的基础。

（供稿人：苏州市吴中区图书馆
查梦立　陈祎榕）

古籍知识展览

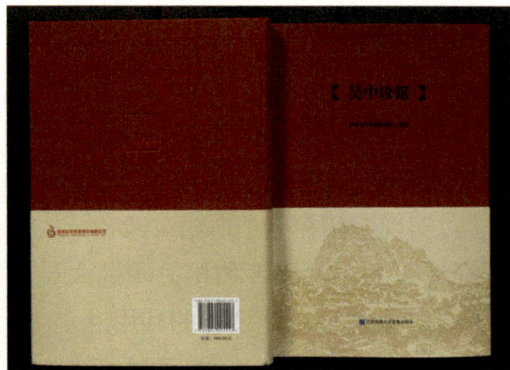

数字化古籍《吴中珍籍》

如皋市图书馆

　　如皋市图书馆在本馆原有条件的基础上，在江苏省古籍保护中心的指导下，以古籍普查工作为核心，以古籍研究人才培养为重点，古籍保护各项工作逐步取得成效，主要表现为以下几个方面：

　　一是严格按照制定的古籍与特藏保护制度对馆藏古籍实行保护。古籍室设古籍阅览规则、古籍书库管理规定、古籍室工作人员岗位职责，从这三方面有效确保书库安全。本馆古籍库房总面积172平方米，配备有樟木书橱32个、精密空调系统2个、火灾自动报警系统1个、自动气体灭火系统8个。书库四面密闭，配置两重防盗门，库房的三面均为墙面，靠窗一面配备防紫外线防火窗帘，具有优良的密闭性和保温隔热性能。配备恒温恒湿空调，保证书库温湿度控制在标准范围内，使古籍库房能够达到恒温恒湿、防火防虫、防潮防尘、安防监控的古籍特藏书库标准。

　　本馆在2014年底被评为"江苏省古籍收藏单位"，2015年初根据专家验收组的意见着手进行古籍库房改造，15年下半年完成标准化改造，改造后的古籍书库更进一步完善了密闭性防火防水功能，改善了古

樟木书橱

籍的存藏环境。

二是在省古保中心的带领下对馆内古籍开展全面普查。我馆馆藏古籍共2168部30706册，其中善本古籍25部289册，古籍普查共整理目录两2000条左右，普查数据已于2016年底整理上交待出版。

在此基础上，本馆5部古籍入选《国家珍贵古籍名录》，13部古籍入选《江苏省古籍珍贵名录》。近期本馆继续参与了申报省第四批珍贵古籍名录的工作，力争实现对古籍的分级管理和精准保护。

三是加大力度培养古籍保护专业人员。一方面扩大专业队伍，一方面加强对在职古籍工作者的培训，提升从业人员的专业素质和水平。组织人员积极参加省内开展的古籍培训班，鼓励员工钻研专业知识，进行专业研究。馆内员工在省图学会组织的业务竞赛中表现优秀，所撰写论文多次获奖。

读者查阅文献

古籍图片展

四是进一步加强古籍的整理、出版和研究利用，特别是应用现代技术实现古籍数字化。目前已开辟出专门的文献修复室，引进bookeye书刊扫描仪一台用于古籍数字化。集中资金，有计划地进行集中修复，重点是抓好善本古籍以及濒危古籍的修复工作。同时建立修复档案，确保修复质量。

为加强古籍的研究利用，我馆积极发挥阵地作用，多次举办大型古籍图片展，开展古籍保护讲座培训活动，向社会大众推广介绍珍贵古籍。

如皋市图书馆的古籍保护工作秉持着"保护为主，合理利用，加强管理"的方针，全面开展古籍普查，改善古籍保管条件，推进古籍修复工作，加强古籍保护队伍建设，古籍保护工作全面、有序、健康、持续开展。

古籍《元史地名考》书影

（供稿人：如皋市图书馆　贾恬恬）

南通大学图书馆

南通大学是江苏省人民政府和交通运输部共建的综合性大学。2004 年由原南通医学院、南通工学院、南通师范学院合并组建而成。学校和图书馆领导高度重视，坚决贯彻落实中华古籍保护计划和江苏古籍保护工程，科学有序地推进我馆古籍保护与整理的各项工作。

古籍收藏及保护 古籍室工作规章制度健全，制定有《古籍与特藏文献阅览规则》《图书馆古籍书库管理制度》等相关制度。具有良好的保护条件。古籍专用书库面积约为 202.6 平方米，有红木书橱 47 张，书橱樟木隔板具有防虫和杀虫功能，书库窗户专用窗帘具有防紫外线功能。古籍室配备感烟探测器、感温探测器等火灾报警系统、自动气体灭火系统（七氟丙烷），配有消防电话。有中央空调，具有除湿功能。在防盗方面，有门禁系统和监控设备。

古籍普查 在省古籍保护中心的指导下，我馆按照要求上报相关数据和报表，积极参加相关培训、评选和申报工作。在馆领导的支持下，工作人员充分准备，经申报、评审等工作程序，南通大学图书馆顺利经过考评，

读者阅览

南通大学图书馆主校区馆外景图

于 2014 年 10 月入选"江苏省古籍收藏单位"。积极推进古籍普查工作，认真严谨地建立整理数据，经审核后于 2016 年 9 月出版《南通大学图书馆古籍普查登记目录》（国家图书馆出版社出版）。

人才培养 在相关培训方面，安排工作人员参加江苏省古籍保护中心举办的相关省级和国家的古籍普查修复等培训班（参加国家古籍保护中心举办的培训班两次）以及馆内举行的教育培训活动。鉴于古籍保护方面的突出成绩，工作人员于 2016 年 7 月被江苏省古籍保护中心授予"江苏省古籍保护工作先进个人"。

宣传推广 高校图书馆是高校文献信息交流的中心和场所，被誉为"第二课堂"。首先，就古典文献资源的开发和利用而言，通过对古典文献进行分析研判，提出有价值的研究参考，为文科学院相关科研项目的研究提供支持。参与文科学院相关学科的教学，为本科生、研究生的毕业论文选题、写作提供文献支持和服务。其次，就推动国学经典阅读，弘扬传统文化而言，以古典文献资源为基础，构建国学经典分享阅读的交流平台，我馆积极筹备和举办"我与国学经典"读书沙龙等活动，有效地提升了学生的人文素养，深化了图书馆的服务内涵。

（供稿人：南通大学图书馆 张源旺）

淮安市淮安区图书馆

　　淮安作为全国历史文化名城，崇文尚学、名人辈出，素有"壮丽东南第一洲"的美誉。清光绪二十九年（1903），丁宝铨与周钧等领衔集资建造了藏书楼，这是淮安最早的图书馆；1933 年文庙洒扫会创办淮安私立集一图书馆；1946 年，鼓楼建立了博古图书馆；1959 年成立了县级公共图书馆。现淮安区图书馆建成于 1996 年，总建筑面积 1725 平方米，藏书容量约 24 万册，年接待读者约 10 万人次，是国家一级馆，被评为"江苏省古籍保护单位"、市级文明单位。

　　为了强化古籍保护，我馆从以下三个方面着力抓手，全面开展好古籍保护各项工作：

　　健全制度　加大保护力度　健全古籍阅览、库房管理等制度，对古籍的保存与借阅等方面做了细致的规范。加大对古籍书库维护经费投入，购置了各种保护专用设备，加强对古籍的温、湿、光、尘进行控制，配置了公安 110 红外报警联网及 24 小时视频监控系统，实现了古籍全方位监控，确保古籍书库安全。

　　完成普查　申报珍贵古籍名录　从 2007 年开始我馆古籍部工作人员

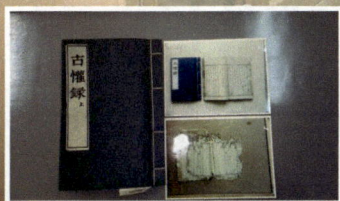

《古欢录》修复前后

读者查阅古籍

入选珍贵古籍名录证书

古籍普查

全面着手开展古籍书目的整理、校对、编目工作，至今已完成古籍普查登记目录。我馆现有各类古籍近 21000 多册，拓片近 300 余件，其中善本书 40 种 233 册，入选《江苏省珍贵古籍名录》25 部 427 册。编制了许多馆藏古籍书目，包含：古籍总目录、中华古籍简目、古籍善本书目、江苏省珍贵古籍目录、地方文献书目、江苏地方文献书目、古籍家谱书目。

保护利用并行　放大古籍效应　加快保护节奏。修复了一批较为严重的破损古籍，具有代表性的有 23 部 63 册。

对本地区散落在民间的古籍保护进行深入调查研究，主动做好读者咨询与接待工作。并相继与省、市方志办合作，点校出版《江苏历代方志全书》《淮安文献丛刻》，同时对家谱进行数字化保护，让古籍发挥出真正的作用。并利用网络平台、报纸、电视台等新闻媒体、积极主动宣传古籍保护工作的意义，介绍相关政策及工作进展，形成重视古籍保护工作的良好氛围。

（供稿人：淮安市淮安区图书馆　叶飞）

空调、除湿机、空气净化器

视频监控

《天启淮安府志》

淮阴师范学院图书馆
（省古籍重点保护单位）

淮阴师范学院图书馆古籍收藏始于1958年成立的淮阴师范专科学校。1962年学校停办，藏书由政府封存。1976年学校复办，藏书重归学校。2007年以来的十年，借助国家"中华古籍保护计划"的东风，在国家和江苏省古籍保护中心的领导与支持下，我馆古籍保护工作开创了前所未有的良好局面，在硬件建设和软件建设方面取得了显著成果——第一次建成古籍专用书库、第一次通过有偿征集和无偿捐赠大幅增加古籍藏量、第一次参加专业培训、第一次摸清古籍家底、第一次有单列的古籍保护专项经费、第一次创建古籍修复室。2017年入选"江苏省古籍重点保护单位"。

硬件建设　书库建设　在省古籍保护中心的直接指导和助推下，我馆于2014年启动建设古籍专用书库工作，2015年建成使用。面积150平方米，建筑结构、保温隔热、消防耐火诸项，均符合国家标准。同时，120平方米的古籍阅览室以中国传统文化为基调重新装修，并新配了6套仿古红木阅览桌椅。

装具改善　2008至2011年、2015至2016年，在省中心专家的指导下，用安全的材料和科学的方法分两次对所有的线装图书（古籍和民国线装）添置或重做了函套，数量多达4609个。保存旧有破损函套，在其上另加函套的做法得到专家肯定。为重要善本特制了六合套。所有古籍配备带樟木板的实木专用书橱，共计105张。

古籍修复室　2018年，在学校的大力支持下，创建了新的古籍修复室，并安排专人开展古籍修复工作。

2015 年建成的古籍书库

文献征集　两次文献征集，第一次是购归兰州古籍书店所有古籍，2007 年入藏。包括线装图书近 2 万册以及一批碑刻拓片和字画，其中古籍 11602 册。这是 1976 年学校复办以来，我馆首次有偿征集古籍文献，大幅提升了收藏规模。第二次是分别于 2012、2016 年两次接受淮安著名藏书世家的遗存古籍捐赠，计有古籍 1808 册，这是我馆首次争取社会捐赠古籍。其中有多种未经刊刻、仅此可见的稿抄写本以及名家批校题跋本。它们的稀有性，乃至唯一性，就乡邦文化遗产而言所具有的重要价值，不言而喻。因此，捐赠一事于 2016 年被江苏省古籍保护中心选为国家古籍保护中心《中华古籍保护计划专题片》的拍摄内容。它们由深庋私第变为公藏，从此可以嘉惠

学人。而我馆也因此在本埠地方文献的收藏方面取得了重大突破，一举成为主要收藏单位之一。

软件建设　队伍培养　自参加江苏省首期古籍保护培训班以来，共有 4 人参加培训班 10 余次，管理队伍的专业素质提高明显。此外，为配合"中华古籍保护计划"的实施，人员配备也有所加强和充实，2012 年返聘一位曾长期管理古籍的退休人员（履岗至今），2016 年招聘一位研究生（一人调出），2018 年招聘一名文献学专业研究生。其中副高职称 2 人，研究生学历 3 人。为顺利开展古籍保护工作提供了技术保障和人员力量。

目录编制　由于参加古籍保护培训班，工作人员的编目能力明显提高，通过网络随时请教省古保中心的专家，所

《国家珍贵古籍名录》《江苏省珍贵古籍名录》入选证书

陈慎侗遗存图书专柜

2012年4月6日举行陈慎侗先生遗存古籍第一批捐赠仪式

以古籍普查登记目录编制比较顺利，已上报省古籍保护中心。

制度建设 注重古籍工作、保护、阅览等方面的制度建设。制定《特藏书室工作细则》《特藏书室岗位职责》《特藏书室古籍阅览须知》《古籍函套制作质量要求细则》《古籍书库管理规定》等，确保古籍工作安全。

名录申报 积极申报国家和江苏省"珍贵古籍名录"，目前已有2部入选《国家珍贵古籍名录》，11部入选《江苏省珍贵古籍名录》。这项工作及成果，极大调动了我馆古籍保护工作的积极性，引起了学校领导的高度重视，各项工作都得到了学校层面的大力支持。

专项经费 从2010年起，学校财务预算，单独编制古籍保护工作专项经费，年经费七万元。自此古籍保护工作有了固定的资金保障。

（供稿人：淮阴师范学院图书馆
侯富芳 潘荣生）

2009年11月4日，美国印第安州韦恩堡市副市长珀赛尔先生参观馆藏古籍

盐城市图书馆

　　盐城市图书馆为国家一级图书馆、省级文明图书馆、省社科普及示范基地。其前身可追溯到民国十七年（1928）的"盐城县立硕陶图书馆"。1983 年因撤县建市升级为盐城市图书馆。1987 年在毓龙东路 26 号整体改造后对外开放。为了更好地适应现代信息社会的发展，满足人们对信息和知识的需求，盐城市图书馆城南新馆于 2012 年 11 月落成使用。原毓龙东路图书馆挂牌成立"盐城市少儿图书馆"，两馆实行通借通还。

　　1500 余部近万册的古籍；1700 余部 1 万余册的民国文献；富有地域特色的地方文献；精美的名人字画；胡乔木藏书纪念室、周克玉将军藏书纪念室、薛德震捐赠图书专架、朱训书廊、港台图书专架构成了盐城市图书馆的特色馆藏。近年来，为了加强对这些特色馆藏的保护和利用，盐城市图书馆于 2012 年新馆建成时成立了古籍特藏部，并逐步改善馆藏条件，完善管理制度，提高管理水平，为特色馆藏建造了一个干净整洁、安全舒适的"家"，为读者营造了一个宽敞明亮、典雅温馨的阅读环境。

　　盐城市图书馆的古籍资源相对于一些历史悠久的地区较为匮乏，但我

古籍樟木书橱32组

媒体报道

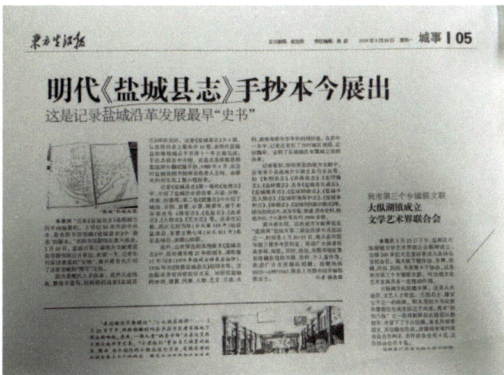

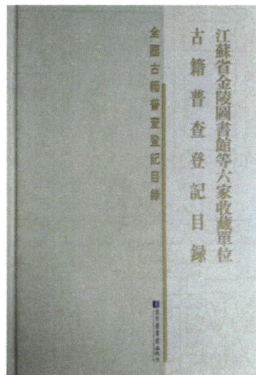

馆藏古籍普查登记目录

们通过采购《中华再造善本》、四库系列丛书以及古籍数字资源库等方式不断充实馆藏资源，改善收藏结构，弥补古籍藏量相对较少的短板。同时主动落实并参与"中华古籍保护计划"，按时完成馆藏古籍普查工作，包括盐城市图书馆古籍普查登记目录在内的《江苏省金陵图书馆等六家收藏单位古籍普查登记目录》于 2015 年出版；积极参与"江苏省古籍保护单位"的申报，于 2014 年成功入选"江苏省古籍保护单位"并已挂牌；重视古籍的保护和宣传，与当地的主要报纸、网站、电视台等媒体密切配合，大力宣传古籍保护工作的重要性；定期举办"盐城历史文献展"等活动，让市民更直观地认识、了解古籍，增强古籍保护意识，增加对传统文化的热爱。此外，盐城市图书馆已启动《盐城地区图书馆珍贵馆藏目录》的编纂，以此全面梳理盐城地区珍贵典籍的收藏情况，加强地

古籍阅览室

方历史文献的整理与利用；《盐城历史文献丛书》的编纂建议已得到市政府的大力支持，并作为全市文化重点工程来推进。

成绩已属于过去，未来任重而道远。古籍保护工作还有很长的路要走，我们相信，通过不断的努力，盐城市图书馆的古籍保护工作将取得更加丰硕的成果。

（供稿人：盐城市图书馆　丁鲁宁　刘捷）

东台市图书馆

　　古籍是中华民族的宝贵精神财富，也是传承文明的重要形式和不可再生的文化资源。在江苏省古籍保护中心的帮助指导下，我馆高度重视古籍保护工作，采取馆长负责制，每年对古籍室进行维护和修整，专门成立了古籍保护工作小组，专职从事古籍管理和保护工作。

　　我馆古籍室成立于 1958 年，馆藏古籍的主要来源有四：一是从县文化馆及一些乡镇图书室调集的，二是从县级机关相关科室征集的，三是从民间购置的，四是一些私人捐赠的。此后，馆藏古籍数量又有所增加，直到"文革"之前，明清版古籍总量已达 5000 余册。

　　随着国家对古籍保护工作的日益重视，国家古籍保护中心提出了《全国古籍普查登记目录格式整理规范》。为了弘扬中华优秀传统文化，我馆按国家和省古籍保护中心的要求，重新进行了古籍普查和登记目录，并经

古籍征集　　　　　　　　古籍整理工作　　　　　专人专职从事古籍服务工作

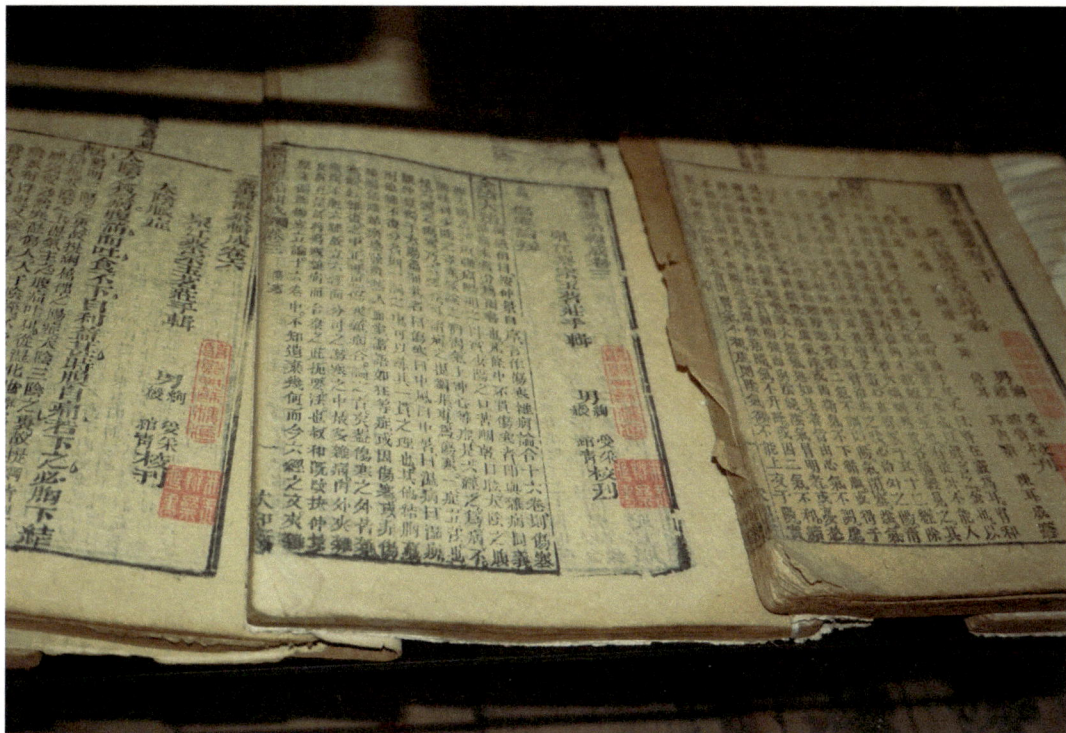

馆藏古籍

省古籍保护中心审查合格。经普查，我馆现有古籍6045册，其中清代及以前古籍538部5726册，民国期间古籍110部319册。

我馆现设有专门的古籍保管室兼查询室，配有专业的防盗防火防潮防蛀设施，设有两组古籍储藏专柜、六组新书柜，共八组按类存放古籍。政府年专项拨款2万元，有专人负责管理，古籍全部按规范要求录入电脑，制订了古籍室的岗位责任制，查询制度以及古籍文献保护制度，先后组织相关工作人员参加省市各级古籍工作培训。

我馆还根据省古籍保护中心的要求，积极对本地区散落民间的古籍进行深入调查，定期到基层、农村宣传古籍保护工作，定点联系了部分民间收藏家，帮助他们妥善地保管整理收藏的古籍，给予相应的技术指导，促进了我市古籍保护工作的开展。

古籍的保护关系到图书馆的建设和文献资料的积累。我们将继续高度重视对古籍的收藏、保护管理与利用，使古籍得到更好的保护和传承。

（供稿人：东台市图书馆　张承凯）

盐城师范学院图书馆

盐城师范学院图书馆是盐城地区古籍重点收藏单位。自国家古籍保护中心正式启动"中华古籍保护计划"以来,本馆十分重视古籍的收藏和保护,并取得了一些成绩:

馆藏条件的改善 2007 年,盐城师范学院新校区图书馆建成并投入使用,古籍从老馆搬入新馆,贮藏条件有了根本的改善。新馆古籍库房面积达 200 多平方米,设在图书馆楼层中段二楼,避免了高楼层温度过高或低楼层过于潮湿等不利于古籍保护的自然因素。书库配备了恒温恒湿的中央空调来控制库房的温湿度,同时将贮存古籍的普通木质书柜全部更换为全香樟木书橱,防蛀、防尘效果大大增强。馆藏条件已基本符合要求。

积极开展古籍普查编目工作 应省古籍保护中心要求,我馆积极开展古籍普查编目工作。经过清点,我馆藏有古籍 481 种 5300 余册。其中经部书 70 种,史部书 103 种,子部书 88 种,集部书最多,计 201 种,另

200 多平方米古籍书库

附丛书类 19 种。我馆所藏古籍，以清版书居大宗，计 462 种，余下 19 种系明刻本。而清版书的刊刻年代又大体集中于清乾隆以后。虽说本馆所藏古籍数量有限，但也不乏精善之本，其中入选第二批《国家珍贵古籍名录》一部，即明嘉靖二十五年（1546）玉几山人刻重修本《分类补注李太白诗》二十五卷《年谱》一卷；入选第一批《江苏省珍贵古籍名录》五部，包括入选《国家珍贵古籍名录》一部在内。目前我馆已完成馆藏古籍书目的编纂工作，书目定稿已提交江苏省古籍保护中心以待汇总编辑出版。

专业人才的引进、培养　我馆十分重视专业人才队伍的建设，引进相关专业的研究生，并且先后派出数人次参加了全省、全国古籍普查、古籍鉴定、编目、修复班的培训。

建立完善古籍管理制度　根据古籍工作的性质要求和古籍保护与安全的需要，我馆制定了一套严格的古籍管理规章制度：如对古籍施行闭架管理，古籍一律不得外借；严禁非工作人员进入古籍书库，只允许具有一定权限的读者查阅。

（供稿人：盐城师院图书馆　于佳慧　徐栋）

工作人员对本馆古籍进行普查编目

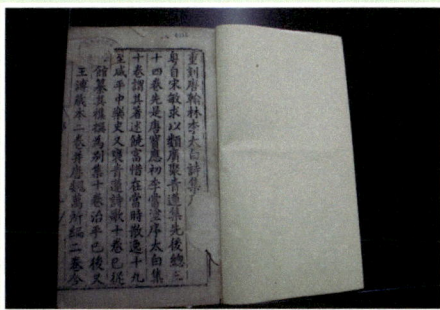

《分类补注李太白诗》入选《国家珍贵古籍名录》

参加全国和省古籍培训班人员证书

宝应县图书馆

宝应县图书馆古籍藏量在 14000 册左右，民国文献约 3000 册，拓本约 1000 册。古籍藏量在县级图书馆中比较丰富。并且有 3 部古籍入选《国家珍贵古籍名录》，6 部古籍入选《江苏省珍贵古籍名录》。

在旧馆时，古籍书库保存条件差，古籍摆放较为拥挤。搬迁至新馆后古籍储存环境得到了极大改善：馆内设有独立的古籍书库，利用南京图书馆捐赠的樟木书柜妥善存放古籍，分门别类、井然有序，使古籍得到了很好的保护；书库中温度、湿度也实现了有效控制，防火、防盗、防虫、防潮、防尘等条件也基本达标，因此，我馆在 2017 年入选 "江苏省古籍保护单位"。

近几年，我馆加强了馆内古籍数字资源库的建设，对馆内古籍展开详细普查，目前已将手写记录稿全部录入电脑，共整理出 1400 多部古籍，其中古籍善本 200 多部。2018 年 6 月，我馆购入的地方文献数据库（经部 27 种 113 册、史部 100 种 1626 册、子部 16 种 72 册、集部 97 种 646 册）也正式在内网上线，读者可在电子阅览室免费浏览地方文献古籍资源。2018 年 8 月，古籍扫描工作也正式启动，预计将入选《国家珍贵古籍名录》和《江苏省珍贵古籍名录》的善本古籍全部扫描，且将数据发布在内网以供读者浏览。

（供稿人：宝应县图书馆　姚晓帆　潘艳）

旧馆书库

古籍扫描

特色古籍数据库

《江苏省珍贵古籍名录》入选证书

新馆书库

《国家珍贵古籍名录》入选证书

仪征市图书馆

　　仪征市图书馆多年来积极开展古籍保护工作，结合实际馆情，采取多项措施推动本馆古籍保护工作的开展与研究。

　　仪征市图书馆现藏古籍文献 2779 册，民国文献 857 册，共计 3636 册。2009 年馆藏古籍《重修仪征县志》和《天经》（阿拉伯文）入选第一批《江苏省珍贵古籍名录》；2014 年被评为 "江苏省古籍收藏单位" 及 "江苏省古籍保护单位"。2015 年完成全国古籍普查登记平台古籍编目录入工作，总计 460 条提交国家古籍保护中心，并由国家图书馆出版社出版《江苏省仪征市图书馆古籍普查登记目录》。2015、2016 年均派员参加了全省古籍保护工作会议。

　　为进一步保护搜集、开发利用仪征地方文献，适应网络信息时代数字图书馆建设需求，2015 年仪征市图书馆启动了地方文献数据库建设项目。经过多方调研，与专业信息技术公司合作，按计划、分步骤做好地方文献数据库建设。目前已建成仪征地方特色古籍数据库和仪征市图书馆典藏古籍数据库。

古籍书库

《名城扬州的历史文化和地方特色》专题讲座

为了更好地保护馆藏古籍，仪征市图书馆还专门订制了楠木夹板42副、金丝楠木书盒3只、香楠木书盒5只，以对珍贵的古籍进行精准保护。

为了充分发挥公共图书馆保护民族典籍、传承中华文化的重要作用，为深入挖掘仪征地方文献资源打开一扇窗，2013年启动了《仪征历代古籍珍贵图录》研究项目，对历代仪征籍或与仪征相关人士的古籍进行梳理、筛选，组织人员赴国家图书馆、南京图书馆、上海图书馆、扬州市图书馆等查阅资料、挑选版本、采集书影。2017年《仪征历代古籍珍贵图录》一书付梓出版。该图录以人物为经，以著述为纬，收录了宋元明清时期204位仪征人及占籍仪征者的著作，

彰显了仪征深厚的历史文化底蕴。

为了宣传古籍相关知识，仪征市图书馆不定期举办专题讲座、座谈会以及主题展览。例如邀请扬州大学单殿元教授做客讲坛，为市民带来《名城扬州的历史文化和地方特色》专题讲座；邀请

仪征市图书馆典藏古籍数据库

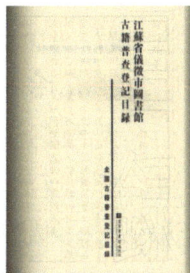

《江苏省仪征市图书馆古籍普查登记目录》

读者上机阅览古籍

参观古籍图片展

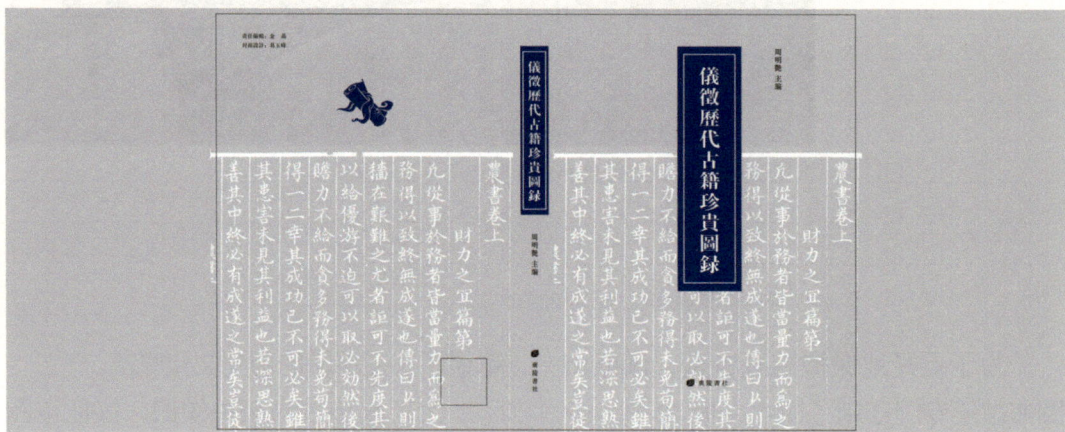

《仪征历代古籍珍贵图录》

《百家讲坛》主讲人、中国人民大学清史研究所博士唐博，举办了《清代宫廷教育对现代普通家庭教育的启示》讲座；召开典藏古籍数据库推广座谈会；组织策划"仪征历史文化名人古籍图片展"，该展览集纳了仪征在唐宋元明清时期共50位名人的著述；围绕专题开展进社区、乡镇、校园巡展活动；利用微信公众平台进行地方文献书目的推介。

仪征市图书馆于2013年建成仪征地方文献陈列馆并对外免费开放，该陈列馆开辟了"淮南名邑、扬子明珠"和"地方文史"两个展区，着重介绍仪征的历史掌故和各类古籍文献，使参观者得以更为直观地了解我市的历史源流，同时也进一步向广大市民朋友普及了古籍保护的知识理念。

在重视培养古籍专业人才方面，我馆积极派员参加上级业务主管部门组织的各项文献保护培训班，获得了良好效果。

（供稿人：仪征市图书馆　马君）

扬州市江都区图书馆

　　2007 年 3 月，国务院办公厅下发了《关于进一步加强古籍保护工作的意见》，提出实施中华古籍保护计划。为贯彻中央精神，扬州市江都区图书馆建立了古籍专用书库，配备了古籍专用樟木书柜和相关硬件设施，按照国家古籍保护计划的要求认真完成古籍普查登记，逐步形成完善的古籍保护工作体系，使馆藏古籍得到全面的保护和有效利用。2014 年年底，我馆被评为"江苏省古籍保护单位"。

　　古籍藏量与编目　我馆古籍总量为 13000 余册（含民国书籍），善本约 200 册。7 部古籍入选《江苏省珍贵古籍名录》，其中明万历四十八年（1620）凌毓枏刻朱墨套印本《吕氏春秋》已申报第六批《国家古籍珍贵名录》。近年来，我馆严格按照《全国古籍普查登记目录审校要求》《古籍普查登记表格整理规范》的要求，加快推进古籍普查登记工作，现已完成所有古籍数据的编目。

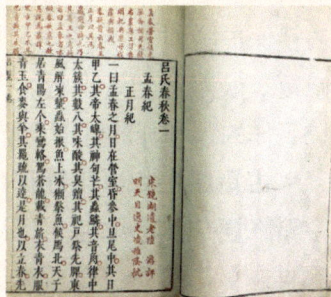

《吕氏春秋》

常国新先生向我馆捐赠古籍

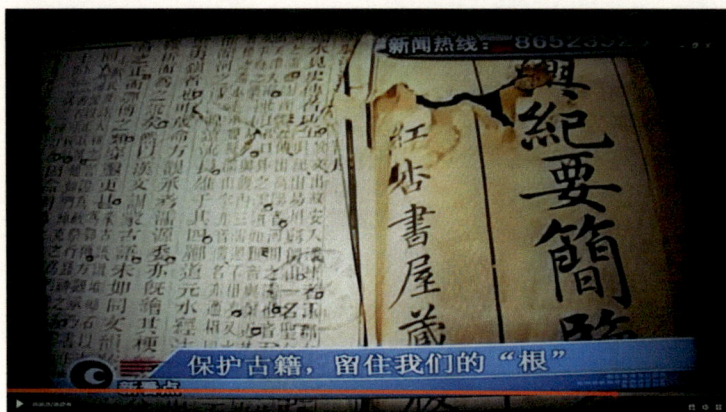

古籍保护宣传报道

古籍人才培养 自 2007 年全国古籍保护工作实施以来，我馆非常重视对古籍人才的培养，多次组织古籍保护工作人员参加省、国家古籍保护中心举办的古籍保护培训班，系统学习了普查、编目、修复、版本鉴定等课程，为本馆古籍保护工作的顺利开展打下了坚实的基础。

古籍原生和再生性保护 我馆聘请古籍修复专家对我馆的《吕氏春秋》《江都县志》等珍贵古籍善本进行了修复，使我馆珍贵古籍得到了很好的保存。再生性保护方面，我馆挑选了部分地方特色古籍文献进行数字化加工，制作成电子版本，上传到我馆网站"古籍保护"版块供读者阅览，为古籍的永续利用和广大读者阅览古籍提供了极大的便利。目前我馆正在积极争取古籍经费用于添置古籍扫描仪和购买古籍数字资源，为加快古籍数字化进程，进一步充实我馆的古籍数字资源库做进一步努力。

（供稿人：扬州市江都区图书馆　张莉）

大 事 记

大事记

2007 年

2 月 28—3 月 1 日，江苏省文化厅副厅长、南京图书馆党委书记马宁等三人参加文化部在京召开的全国古籍保护工作会议。国务委员陈至立出席会议并发表重要讲话。

4 月 2 日，中共江苏省南京图书馆委员会下发《关于成立江苏省古籍保护中心的决定》，任命全勤为主任。

5 月 21—6 月 8 日，南京图书馆派员参加国家古籍保护中心在国家图书馆举办的第一期"全国古籍普查培训班"。全国 13 家中央部委直属单位和省级公共图书馆 36 名业务人员参加。

7 月 9 日，江苏省政府办公厅印发《江苏省人民政府办公厅关于进一步加强古籍保护工作的意见》（苏政办发〔2007〕85 号），明确了江苏省古籍保护工作的指导思想、基本方针、总体目标以及古籍保护工作具体内容和组织领导。

8 月 3 日，南京图书馆馆长助理全勤赴京参加全国古籍保护试点工作会议。江苏省南京图书馆、苏州市图书馆、常熟市图书馆、苏州博物馆被列入全国古籍保护试点单位。

8 月 21 日，江苏省文化厅在南京图书馆新馆召开全省公共图书馆工作会议。文化部社文司、省政府、省文化厅及 13 个省辖市文化局，全省各市、县、区 103 家公共图书馆的 160 多名代表参加了会议。会上江苏省政府副秘书长唐建，省文化厅副厅长、南京图书馆党委书记马宁为江苏省古籍保护中心揭牌，江苏省古籍保护中心正式成立。文化部社文司贾璐代表文化部为南京图书馆《中华再造善本》入藏揭牌。文化厅副厅长、南图党委书记马宁在会上做了全省公共图书馆工作报告，南京图书馆馆长助理全勤代表江苏省古籍保护中心做了大会发言。省中心制定了《江苏省古籍普查工作方案》《江苏省古籍保护试点单位工作方案》。

9月20—22日，江苏省古籍保护中心在南京图书馆举办第一期全省古籍保护工作培训班，全省60多家古籍收藏单位人员参加了培训。

10月12日，江苏省文化厅印发《关于成立江苏省古籍保护工作专家委员会的通知》（苏文社〔2007〕30号），公布了古籍保护工作专家委员会成员名单。主任：全勤（南京图书馆馆长助理、研究馆员）；副主任：奚三彩（南京博物院研究员、国家古籍保护工作专家委员）、徐忆农（南京图书馆历史文献部主任、研究馆员、国家古籍保护工作专家委员会委员）。成员：王明发（南京博物院图书室主任、研究馆员）、孙迎春（南京图书馆历史文献部研究馆员）、刘向东（扬州市图书馆副馆长、副研究馆员）、许晓霞（苏州图书馆副馆长、副研究馆员）、陈敏杰（南京师范大学古籍研究所副研究员）、姜小青（凤凰出版社总编辑）、徐雁（南京大学信息管理系教授、省政协常委）、徐苏（镇江市图书馆副馆长、研究馆员）、曹红军（南京图书馆历史文献部研究馆员）、薛正兴（凤凰出版社编审）；秘书：周蓉（南京图书馆历史文献部主任助理、副研究馆员）。

2008 年

3月1日，国务院印发《国务院关于公布第一批国家珍贵古籍名录和第一批全国古籍重点保护单位名单的通知》（国发〔2008〕9号），第一批国家珍贵古籍名录2392部，第一批全国古籍重点保护单位51家。江苏省入选292部古籍，南京图书馆、苏州图书馆、常熟图书馆、南京大学图书馆、南京师范大学图书馆、南京中医药大学图书馆、苏州大学图书馆、

南京博物院 8 家单位入选珍贵古籍名录。

3 月 27 日，《新华日报》发表《国务院公布首批国家珍贵古籍名录、古籍重点保护单位——江苏古籍保护喜获"双料冠军"》一文。在 2007 年开展的首批国家级珍贵古籍名录及全国重点古籍保护单位的申报工作中，我省共组织申报古籍 714 种、重点单位 18 个，申报总数在全国名列前茅，其中 292 种古籍和 8 个重点单位入选，两项入选数量在全国各省和直辖市中均处于首位。

3 月 30—4 月 3 日，由江苏省文化厅主办，南京图书馆承办的全省第二期古籍保护（普查）培训班在宁举办。江苏省文化厅社文处副处长谷峰主持开班典礼，江苏省文化厅副厅长、南京图书馆党委书记马宁出席了典礼并做了重要讲话。本次培训重点为古籍普查工作，拟为首批省级珍贵古籍名录、古籍重点保护单位的申报及公布奠定基础。邀请了国家图书馆发展研究院院长、国家古籍保护工作专家委员会主任李致忠，上海图书馆历史文献中心主任、国家古籍保护工作专家委员会委员陈先行做专业讲座。来自各市文化局社文处，各市县（市区）图书馆、博物馆，大专院校图书馆、科研单位图书馆，宗教单位图书馆以及其他古籍收藏机构共计 85 家单位的 104 位相关人员参加了培训。

4 月 1 日，国家古籍保护中心与南京图书馆签署《南京图书馆古籍保护试点工作责任书》。

5 月 27—7 月 3 日，江苏省古籍保护中心派员参加国家古籍保护中心在国家图书馆举办的第一期"全国古籍鉴定与保护高级研修班"。全国各个系统 35 家古籍藏书单位的 35 位古籍部负责人或业务骨干参加。

6 月 12 日，常熟市古籍保护中心在常熟市图书馆挂牌。

6 月 14—7 月 27 日，江苏省古籍保护中心组织全省相关单位参加由文化部主办、国家图书馆承办的"楮墨芸香：国家珍贵古籍特展"。

7 月 28 日，全国古籍保护工作会议在京召开。中共中央政治局委员、国务委员刘延东出席了第一批《国家珍贵古籍名录》颁证暨第一批全国古籍重点保护单位授牌仪式并作重要讲话。江苏省文化厅副厅长马宁就江苏古籍保护工作取得的主要成绩、基本经验及下一步工作打算做了大会发言。

8月20日，省文化厅牵头在南京图书馆召开江苏省古籍保护工作厅际联席会议。省政府办公厅副主任何国平、省财政厅副厅长江建平、省发展改革委员会副巡视员赵芝明、省民委（宗教局）副巡视员马冬青、省文化厅副厅长马宁以及省政府办公厅、省教育厅、省科技厅、省新闻出版局、省文化厅、省文物局等古籍保护工作厅际联席会议成员单位联络员出席了会议。

8月29日，省文化厅副厅长、南京图书馆党委书记马宁主持召开省古籍保护中心工作会议，布置全省古籍保护专家督导工作，要求落实江苏省古籍保护工作厅际联席会议的有关要求。

8月31—9月5日，江苏省古籍保护中心派员参加在国家图书馆举办的第二期"全国古籍普查平台"应用软件系统登记培训。

8月，经江苏省古籍保护工作厅际联席会议通过，省文化厅下发通知，江苏省首批8家全国古籍重点保护单位获省级资金扶持，每家单位2万元。8家单位分别是：南京图书馆、苏州图书馆、常熟图书馆、南京博物院、南京大学图书馆、南京师范大学图书馆、南京中医药大学图书馆、苏州大学图书馆。

9月1—7日，由江苏省文化厅组织，江苏省古籍保护中心具体落实，由江苏省古籍保护专家委员会委员和南京图书馆历史文献部有关人员组成四个督导小组，分赴全省60多家古籍保护收藏单位开展全省古籍保护督导工作。督导小组人员名单如下：全勤（南京图书馆馆长助理、省古籍保护中心主任、研究馆员），徐忆农（南京图书馆历史文献部主任、省古籍保护中心主任、研究馆员、国家古籍保护工作专家委员会委员），徐苏（镇江市图书馆副馆长、研究馆员），刘向东（扬州市图书馆副馆长、

副研究馆员），许晓霞（苏州图书馆副馆长、副研究馆员），王明发（南京博物院图书室主任、研究馆员），孙迎春（南京图书馆历史文献部研究馆员），陈敏杰（南京师范大学古籍研究所副研究员），曹红军（南京图书馆历史文献部研究馆员），周蓉（南京图书馆历史文献部主任助理、副研究馆员），方云（南京图书馆历史文献部副研究馆员），陆忠海（江苏省文化厅）。

9 月 26 日，江苏省古籍保护厅际联席会议办公室发布《江苏省古籍重点保护单位申报评定暂行办法（征求意见稿）》《江苏省珍贵古籍名录》申报评审暂行办法（征求意见稿）》。

10 月 8 日，省文化厅在南京图书馆召开首次全省古籍保护工作会议。会议由省文化厅社文处处长方标军主持。省政府副秘书长唐建点击开通了"江苏古籍保护网"，省文化厅副厅长马宁就江苏古籍保护工作做了重要讲话，省文化厅社文处副处长谷峰对近阶段的工作做补充说明，全勤代表省古籍保护中心发言。与会领导为 23 家古籍收藏单位颁发了《国家珍贵古籍名录》入选证书。会上，南京师范大学图书馆和苏州文化局的代表分别做了经验交流。来自省古籍保护工作厅际联席会议成员单位、省古籍保护工作专家委员会、各市文化（文广新）局、各市图书馆、各古籍保护收藏单位的近百位代表参加了会议。

10 月 8 日，"江苏古籍保护网"正式开通，成为江苏古籍保护工作的重要展示和交流平台。

10 月 11 日，南京市政府办公厅印发《市政府办公厅关于进一步加强古籍保护工作的意见》（宁政办发（2008）117 号）。

10 月 13 日，南京图书馆根据文化部《全国古籍保护试点工作方案》的要求，公布了 2007 年 8 月 1 日至 2008 年 7 月一年间《南京图书馆古籍保护试点工作总结》，从工作责任目标、安全责任目标两方面，总结了一年间的工作成绩。

10月29—31日，第二批《全国珍贵古籍名录》和全国重点古籍保护单位及首批《江苏省珍贵古籍名录》和江苏省重点古籍保护单位申报专家评审会在南京图书馆召开。省文化厅社文处副处长谷峰、南京图书馆副馆长全勤以及徐苏、刘向东、王明发、陈敏杰、徐忆农、周蓉、曹红军、孙迎春等8位省古籍保护专家委员会委员参加了会议。谷峰、全勤分别在会上做了简要的讲话，介绍了此次材料申报的有关情况，说明了评审会的重点工作内容。会后，由8位省古籍保护专家委员会委员组成的专家评审组对所有申报材料进行了评审。经过两天的时间，专家评审会顺利结束。全省共有2357种古籍进行申报。

10月29—31日，江苏省古籍保护中心牵头组织召开专家评审会，就全省第二批《国家珍贵古籍名录》、古籍重点保护单位及江苏省第一批《珍贵古籍名录》、古籍重点保护单位的申报工作进行评审。全省共有2357种古籍进行申报。

11月6日，扬州古籍保护中心在扬州市图书馆揭牌。

11月12—12月26日，国家古籍保护中心、江苏省古籍保护中心分别受文化部、省文化厅的委托，在南京图书馆联合举办第六期全国古籍修复技术培训班暨江苏省第三期古籍保护工作培训班。培训对象为全国各古籍收藏单位从事古籍修复工作的在职员工。授课内容包括基础理论与技能实践两部分，主要讲授古籍保护的基础理论、简明中国书史与西方书史、中国传拓术、色彩与装潢、古籍装帧形式、古籍修复的理念与原则、国际修复技术简介、淀粉提取与糨糊制作、镶衬拓片、纸浆补书、古籍修复等内容，总课时306学时。结业考核由笔试和实际操作两部分组成，考核合格后，由国家古籍保护中心颁发结业证书。

11月12日，金陵科技学院与南京图书馆在南京图书馆签署了合作办学协议。金陵科技学院校长封超年，江苏省文化厅副厅长、南京图书馆党委书记马宁，国家古籍保护中心办公室主任陈红彦，南京图书馆副馆长、

省古籍保护中心主任全勤等出席签字仪式。

12月4日，省文化厅印发《关于下达我省首批国家珍贵古籍省级保护经费的通知》（苏文计〔2008〕58号），对本省入选数量较多的地区和单位下达省级保护资金共计18.5万元，主要用于对珍贵古籍的原生性保护，由各市和各收藏单位根据实际需要，自行购置古籍木制函套或装具。

2009年

1月14日，江苏省政府签发《省政府关于公布第一批江苏省珍贵古籍名录和第一批江苏省古籍重点保护单位名单的通知》（苏政发〔2009〕28号），正式批准并公布第一批《江苏省珍贵古籍名录》（1588部）和第一批江苏省古籍重点保护单位名单（20个）。

2月9日，江苏省古籍保护中心主任、南图副馆长全勤在南京图书馆主持召开省中心工作会议，讨论并强化2009年重点工作安排。

2月18日，全省社文工作座谈会召开，文化厅纪检组长王世华在工作报告中进一步明确了加大力度，整体推进古籍保护工作的要求。

2月19—3月6日，国家古籍保护中心和上海图书馆在上海举办第一期"全国碑帖鉴定与保护研修班"，南京图书馆徐亚玲参加培训。

4月2日，扬州市文化局向国家古籍保护中心发送《关于扬州市图书馆自动灭火系统和水、火灾自动报警系统缺置的说明》，附送扬州市图书馆新馆古籍书库建设方案。

4月2—7日，省古籍保护中心接待了由全国古籍保护专家委员会委员、武汉大学信息管理学院教授、博士生导师刘家真，国家图书馆古籍修复中心吴澍时组成的全国第二批重点古籍保护申报单位专家组，汇报了全省的古籍保护情况，并派省中心工作人员陪同，对我省12家申报单位进行了实地考察。

5月12—19日，由江苏省文化厅、省宗教事务局联合举办，省古籍保护中心承办的"第四期全省古籍保护（普查）工作培训班"在南京图书馆举办。省文化厅副厅长、南图党委书记马宁，省宗教事务局副巡视员马冬青，省文化厅社文处副处长谷峰，南图党委副书记、副馆长方标军，省古籍保护中心主任、南图副馆长全勤以及省宗教事务局宗教一处副处长李华廷等出席了开班仪式。仪式由全勤副馆长主持，马宁副厅长和马冬青副巡视员分别代表省文化厅、省宗教事务局讲话，镇江金山市监院智善法师代表学员做了发言。共有学员 50 名，其中 34 名学员来自全省国家级、省级重点寺院以及部分窗口寺院，其余学员来自全省各相关古籍收藏单位。宗教系统全面参与，集中派员参加全省古籍培训工作，在全国尚属首次。培训班受到国家中心的关注与充分肯定。

5 月 14 日，江苏省机构编制委员会正式印发《关于南京图书馆增挂江苏省古籍保护中心牌子的批复》（苏编〔2009〕8 号），同意南京图书馆增挂"江苏省古籍保护中心"牌子。主要负责全省古籍普查登记工作、汇总古籍普查成果、建立全省古籍联合目录，承担全省古籍保护业务指导、培训的具体工作，同时负责本馆古籍的保护、修复、整理、出版、研究和利用工作。

6 月 9 日，国务院公布第二批《国家珍贵古籍名录》（4478 部）和"全国古籍重点保护单位"（62 家）（国发〔2009〕28 号），江苏省共有 472 部珍贵古籍和 5 家藏书单位（无锡市图书馆、南通市图书馆、镇江市图书馆、吴江市图书馆、扬州大学图书馆）入选。

6 月 11 日，全国非物质文化遗产保护、古籍保护暨文博事业杰出人物表彰、颁证、授牌电视电话会议在北京召开。中共中央政治局委员、国务委员刘延东出席会议并讲话。全国各省均设立分会场。江苏省副省长曹卫星，省政府副秘书长唐建，省人事厅副厅长周广侠，省文化厅党组成员、纪检组长王世华，省文化厅党组成员、南京博物院院长龚良，以及我省获表彰的先进单位和个人代表共 60 多人参加会议。省古籍保护中心主任、

南京图书馆副馆长全勤代表省古籍保护中心、南京图书馆参加了会议。全国电视会议结束后，江苏省举行全省非物质文化遗产保护、古籍保护暨文博事业杰出人物表彰、颁证、授牌相关仪式。

6月11日，"南京市古籍保护工作第一次局际联席会议"在南京市政府办公厅召开，会议确认成立南京市古籍保护工作局际联席会议办公室和南京市古籍保护中心。办公室设在南京市文化局，中心设在金陵图书馆。

6月13—7月3日，由文化部主办，国家古籍保护中心承办的"国家珍贵古籍特展"在国家图书馆对公众免费开放，这是中华人民共和国成立以来参展单位最多、展品种类丰富的一次古籍展览。展出的300件珍贵古籍品是从进入第二批《国家珍贵古籍名录》的4478部古籍中遴选出来的。江苏省《乖崖张公语录二卷》等26部入选国家第二批珍贵古籍名录的古籍参展，集中展示了江苏悠长深厚的文史风采，以及全省古籍保护收藏的成果。

6月22日，金陵科技学院古典文献（古籍修复）专业的80余名学员到南京图书馆进行专业实习。金陵科技学院是南京图书馆合作办学单位，自2004年以来，南京图书馆即全程参与金陵科技学院人文学院古籍修复专业的创办，2007年起双方开始正式合作。

7月6—24日，国家古籍保护中心在甘肃省图书馆举办第四期"全国古籍编目培训班"，南京图书馆古籍部副主任周蓉参加培训。

7月16日，金陵图书馆作为南京市古籍保护中心，面向全市市属相关系统和各区县，举办了古籍普查和申报工作基础知识培训班，为保质保量地做好南京市古籍普查工作打好基础。

8月31—9月18日，第四期全国古籍鉴定与保护高级研修班在山西省图书馆举办。南京图书馆徐昕参加。

9月3日，根据江苏省文化厅《关于给第二批"全国古籍重点保护单位"、首批"江苏省古籍重点保护单位"和第二批〈国家珍贵古籍名录〉

收藏单位下达省级补助金的通知》，5 家全国古籍重点保护单位每家 2 万元，7 家省古籍重点保护单位每家 1 万元，合计 17 万元。第二批《国家珍贵古籍名录》24 家收藏单位资金补助合计 29 万元。

9 月 6 日，南京图书馆特聘学术顾问、江苏省古籍保护工作专家委员会顾问、南京大学著名文史大家卞孝萱在南京去世，享年 86 岁。省古籍保护中心主任全勤等前去吊唁。

9 月 25 日，江苏省古籍保护中心在南京图书馆举办了 2009 年全省古籍保护工作座谈会。会议由全勤副馆长主持，国家古籍保护中心办公室主任陈红彦，厅际联席会议成员单位成员、省宗教局副巡视员马冬青，省古籍保护专家委员会顾问、中国伊斯兰教协会副会长、省伊斯兰教协会会长、南京大学教授伍贻业，省发改委社会发展处副调研员刘桂萍，省文化厅社文处副处长谷峰，南京图书馆党委副书记、副馆长方标军，省古籍保护专家委员会委员、凤凰出版社社长姜小青为入选全省首批 1588 部珍贵古籍名录的单位代表、首批省级 20 家重点古籍保护单位代表颁发了证书和奖牌。谷峰副处长代表省古籍保护厅际联席会议办公室做了讲话。国家古籍保护中心办公室主任陈红彦为与会代表做了专题报告。会议安排扬州市图书馆馆长沈业民、南京大学图书馆副馆长史梅、南京博物院图书馆馆长王明发、吴江市图书馆馆长潘丽敏分别代表市公共图书馆、高校图书馆、博物院系统以及县级公共图书馆做了交流发言，介绍了本单位古籍保护工作的做法与经验。省古籍保护厅际联席会议成员单位联络员，省古籍保护专家委员会委员，各省辖市文化局社文处处长、全省 13 个省辖市公共图书馆馆长，国家级、省级古籍重点保护单位以及全省部分古籍收藏单位的领导共 60 余人参加了会议。

11 月 12 日，文化部发布《关于拨付 2009 年古籍保护工作补助经费的函》，对 2009 年成立的省级古籍保护中心给予 30 万元的补助经费。

11 月 27—29 日，省古籍保护中心举办第五期全省古籍保护工作培训

班。针对古籍普查平台登记系统的操作与应用，特邀了中国科学院国家科学图书馆研究馆员罗琳授课。来自省内其他单位的 34 名学员以及省古籍保护中心（南京图书馆）的 16 名工作人员参加了培训。

11 月 30—12 月 16 日，国家古籍保护中心在大连图书馆举办第五期全国古籍编目培训班。南京图书馆陈立、韩梅，南京大学图书馆李丹，南京博物院奚可桢，南京市博物馆徐佩佩参加培训。

12 月 16 日，文化部办公厅印发《文化部办公厅关于公布国家级古籍修复中心名单的通知》，正式公布首批国家级古籍修复中心。南京图书馆顺利入选，成为首批 12 家入选单位之一。

2010 年

1 月 18 日，根据江苏省文化厅《关于申报第三批国家珍贵古籍名录和第二批江苏省古籍珍贵名录、古籍重点保护单位的通知》（苏文社〔2010〕1 号），要求各市 2 月底前完成申报工作。江苏已提前在全省启动了"国三批"和"省二批"的申报工作。

1 月，由江苏省文化厅、省古籍保护中心联合主编的《江苏省第二批国家珍贵古籍名录图录》正式出版。全书分为上下两册，汇编了江苏省 33 家单位入选的 480 部第二批国家珍贵古籍，495 幅图片与相关文字说明均依据各单位申报资料编辑而成。

2 月，和国家古籍保护中心签订国家古籍保护中心制定"《中华古籍总目·江苏卷》任务书""《中华古籍总目·南京图书馆卷》任务书"，以加快推进古籍普查工作，积极开展《中华古籍总目》（分省卷）编纂工作。

3 月 16—23 日，由国家古籍保护中心和江苏省文化厅主办，江苏省古籍保护中心承办的第十四期全国古籍普查培训班暨第六期江苏省古籍保护工作培训班在南京图书馆成功举办。江苏省文化厅社文处处长谷峰、省古籍保护中心主任、南图副馆长全勤以及国家古籍保护中心培训组组长王红蕾出席了结业典礼,培训班特邀李致忠先生、陈红彦主任、全勤副馆长授课。来自江苏、山东和山西古籍收藏单位的 61 位学员参加培训。

3 月 24 日,国家古籍保护中心(国家图书馆)在江苏省古籍保护中心(南京图书馆)举办了古籍修复人才培养座谈会。全国古籍保护工作专家委员会主任李致忠,国家图书馆副馆长张志清,国家古籍保护中心办公室主任陈红彦、江苏省文化厅社文处处长谷峰、南京图书馆党委副书记、副馆长方标军、副馆长全勤、南京艺术学院副院长刘伟东、南京大学图书馆馆长洪修平以及中国第二历史档案馆、南京博物院、南京太平天国历史博物馆、南京师范大学、金陵科技学院、莫愁中等职业学校、南京中友图书文化有限公司、东吴文化遗产保护研究院等单位的代表约 20 人参加了会议。

4 月 24—26 日,江苏省古籍保护中心接待并协助来自国家古籍保护中心的原福建图书馆馆长郑一仙、田周玲、首都图书馆副研究馆员刘乃英、刘晨书 4 位专家,对江苏省申报全国古籍保护重点单位的徐州市图书馆、徐州师范大学图书、扬州市图书馆、金陵图书馆、南京市博物馆、常州市图书馆、苏州博物馆 7 家单位进行了现场考察。

4 月 26 日,江苏省古籍保护中心在南京图书馆召开评审会议,就申报第二批全省古籍重点保护单位的金陵图书馆和南京市秦淮区图书馆进行了评议。会议同时对第二批《江苏省珍贵古籍名录》评审细则进行了讨论,决定将第二批《江苏省珍贵古籍名录》的收录范围一定限度地扩大至三级古籍。

6 月 11 日,国务院正式公布第三批《国家珍贵古籍名录》(2989 部)和"全国古籍重点保护单位"(37 家)(国发〔2010〕20 号),江苏省共有 248 部古籍和 7 家藏书单位(徐州市图书馆、常州市图书馆、南京市博物馆、徐州师范大学图书馆、苏州博物馆、金陵图书馆、扬州市图书馆)入选。

6 月 11—7 月 12 日,第三批"国家珍贵古籍特展"在国家图书馆圆满展出,共展出来自 86 家收藏单位的 300 余件珍贵古籍。江苏省古籍保护

中心选送的 15 部展品在展览中亮相。

6 月 23 日，江苏省古籍保护工作会议在南京召开。来自省内国家级、部分省级古籍重点保护单位、古籍收藏单位的分管领导和古籍部主任以及江苏省古籍保护中心工作人员共 40 余名代表参加了会议。利用此机会，第六届江苏省图书馆学会古籍整理与文献保护工作委员会第一次工作会议也同时召开。这是江苏成立的又一个省级古籍保护专项工作委员会，为江苏公共、高校图书馆系统在古籍保护工作方面的通力协作提供了更为广泛的合作机遇，有利于江苏古籍保护工作的持续、有序推进。

7 月 22 日，江苏省政府签发《省政府关于公布第二批江苏省珍贵古籍名录和第二批江苏省古籍重点保护单位名单的通知》（苏政发〔2010〕77 号），正式批准并公布第二批《江苏省珍贵古籍名录》（555 部）和第二批江苏省古籍重点保护单位名单（1 个）。

9 月 10 日，根据江苏省文化厅《关于下达省第三批"全国古籍重点保护单位"奖励经费的通知》，共奖励徐州市图书馆等 7 家全国古籍重点保护单位补助经费 14 万元，第三批《国家珍贵古籍名录》收藏单位补助经费 17 万元。

9 月 27 日，根据江苏省古籍保护中心《关于发放〈中华古籍总目·江苏卷〉古籍书目初编数据经费的通知》，经费标准：电子简目数据 1 元／条，纸质书目数据 0.3 元／条，全省共发放 204311 元。

10 月 19 日，南京图书馆与凤凰出版社在南京图书馆举行《二十世纪三十年代国情调查》出版签约仪式。该书预计于 2012 年初与读者见面。

10 月 22 日，文化南京建设的一项重要工程——《金陵全书》首批 9 册正式出版，首发式在南京市政府大礼堂隆重举行。南京图书馆等单位在首发式上接受了赠书。《金陵全书》计划从 2010 年开始用 15 年左右的时间，平均每年出版 20 册以上，逐步将南京历代文献系统完整地汇编整理出版。

11 月 14 日，江苏省古籍保护中心印发《关于评选 2007—2010 年江苏省"古籍保护先进单位"与"古籍保护先进个人"的通知》。

12 月 6—10 日，第七期江苏省古籍保护工作培训班在南京图书馆正式开班。培训班主要针对古籍普查平台登记系统的操作与应用，以提高各单位，尤其是编目基础较为薄弱的单位使用古籍普查平台的水平。培训班上的 20 多位学员，来自没有参加过古籍编目方面培训的单位和上交书目数据不太合编目规范的单位。

12 月 13 日，江苏省古籍保护中心转发国家古籍保护中心《关于"中华古籍索引库"上传数据的函》，该索引库为编纂分省卷的工作平台，目的以配合《中华古籍总目》的编纂工作，国家古籍保护中心将按照每条 3 元的标准支付各单位中期补贴。

12 月 16—21 日，首届南图阅读节馆藏珍品展示评选活动在南京图书馆举行，这是南京图书馆近年所办书展以来展出古籍善本数量最多、规格最高的一次。为确保南图馆藏十大珍品古籍评选活动的权威性，南京图书馆特别邀请了全国古籍保护工作专家委员会主任李致忠、国家图书馆副馆长张志清、上海图书馆历史文献中心副主任陈先行、中国社会科学院研究员杨成凯、北京大学图书馆善本部主任沈乃文五位古籍资深专家，参与南京图书馆馆藏十大珍品古籍的评选。

12 月 31 日，南京图书馆馆藏十大珍品古籍正式向社会公布。

南京图书馆馆藏十大珍品古籍为：

01 **诗集传二十卷** （宋）朱熹撰 宋刻本 吴寿旸跋并录陈鳣题识 丁丙跋 存八卷

02 **晏子春秋八卷** 明活字印本（目录、卷一第三至五叶、卷七第一至六叶、卷八第二十八至二十九叶、后序配清抄本） 丁丙跋

03 **天下郡国利病书不分卷** （清）顾炎武撰 稿本 钱大昕、黄丕

烈（倩沈书山书）跋

04 医说十卷 （宋）张杲撰 宋刻本 黄丕烈、丁丙跋

05 云仙散录一卷 题（唐）冯贽撰 宋开禧刻公文纸印本 徐渭仁、丁丙跋

06 大方广佛花严经八十卷 （唐）释实叉难陀译 辽重熙四年（1035）泥金写本 存一卷（七十）

07 温室洗浴众僧经一卷 （汉）释安世高译 北宋熙宁元年（1068）写金粟山广惠禅院大藏经本

08 颐堂先生文集五卷 （宋）王灼撰 宋乾道八年（1172）王抚干宅刻本（目录及附录抄配）丁申 丁丙跋

09 **蟠室老人文集二十二卷奏议一卷涉史随笔一卷** （宋）葛洪撰 宋刻本 存二卷（文集十四至十五）

10 **乐府新编阳春白雪前集五卷后集五卷** （元）杨朝英辑 元刻本 柳是校 黄丕烈 丁丙跋

2011 年

1 月 19—24 日，省文化厅和江苏省古籍保护中心联合举办的江苏省"十一五"古籍保护成果展在南京图书馆举办。展览分为千秋书业、见微知著、芸香光影三个部分，集中展示"十一五"期间江苏省在古籍保护方面开展的一系列重要工作及取得的一系列重大成果。

2 月 23 日，江苏省古籍保护中心和江苏音像出版社签订合作出版《芸香光影》DVD 协议。

2 月 24 日，文化部原副部长、国家图书馆馆长周和平带领国家图书馆业务处处长高红等 3 人来南京图书馆考察调研。

3 月 18 日，江苏省古籍保护中心公布江苏省"十一五"古籍保护工作先进单位和先进个人名单，共评选出 21 家先进单位和 30 位先进个人。

3月21日，江苏省文化厅印发《关于转发〈文化部关于进一步加强古籍保护工作的通知〉的通知》。

3月29日，苏州市古籍保护中心揭牌仪式在苏州图书馆举行，苏州市"十一五"古籍保护成果展也同时开幕。

4月23日，镇江市"十一五"古籍保护成果展在镇江市图书馆举办，成果展上同时公布了第一批《镇江市珍贵古籍名录》。镇江成为率先在全省公布珍贵古籍名录的地市级城市。

5月4日，江苏省委副书记朱善璐视察南京图书馆。

5月30—6月3日，第八期江苏省古籍保护工作培训班在南京图书馆开班。培训班学习重点是古籍联合目录的编撰，来自全省古籍收藏单位的18位学员参加了培训。开班仪式上，徐小跃馆长、聂影院长分别代表南京图书馆和金陵科技学院签订了"古籍修复专业"合作办学补充协议，并为联合成立的"文献保护研究所"揭牌。

6月21—22日，由文化部社文司主办，省文化厅、南京图书馆承办的"全国古籍普查工作会议暨古籍保护技术交流会"在南京召开。文化部社文司巡视员刘小琴出席会议并讲话，省文化厅党组成员、纪检组长王世华，省文化厅党组成员、南京图书馆党委书记方标军，国家古籍保护中心领导，国家古籍保护工作专家委员会专家及各省（区、市）文化厅（局）社文处处长、各省（区、市）图书馆馆长及古籍部（古籍保护中心）负责人共120余人参加了会议。国家图书馆副馆长、国家古籍保护中心副主任张志清就大力推进全国古籍普查工作和《中华古籍总目》分省卷编纂工作做了具体部署。全国古籍保护工作专家委员会主任李致忠就《中华古籍总目》分省卷的编纂工作做了说明。来自国家图书馆、国家档案局、武汉大学的6位专家，分别就古籍修复、古籍书库建设、古籍装具、文献脱酸、文献去霉及古籍保护实验室建设等做了专题报告并现场进行答疑。首都图书馆、南京图书馆、天津图书馆、中山大学图书馆、浙江宁波天一阁博物馆、

北京大学图书馆等 6 家单位分别介绍了各自开展古籍原生性保护的经验。

7 月 22 日，江苏省古籍保护中心组织省古籍保护工作专家委员会部分专家，进行了江苏省第三批珍贵古籍名录的评选。本次评选专家共有 9 人，分别来自公共图书馆、博物馆和高校系统。全省 23 家古籍收藏单位共上报了 700 余条书目参选。先期评审出 350 余部珍贵古籍备选目录，随后将结合国家第四批珍贵古籍名录，对入选的目录进行公示。

10 月 16—18 日，由全国古籍保护专家委员会委员、国家图书馆离退休干部处处长、研究馆员苏品红和国家古籍保护中心工作人员田丰组成的专家组，对江苏省内"国家级古籍修复中心"及部分"全国古籍重点保护单位"进行了实地考察。

12 月 1—15 日，第二届南图阅读节主题展览"英华荟萃——南京图书馆馆藏民国文献珍本展"展示评选活动在南京图书馆举办。南京大学中华民国史研究中心主任张宪文教授、国家图书馆业务管理处处长高红研究馆员、上海图书馆历史文献中心主任黄显功研究馆员、南京大学历史系主任陈谦平教授、南京大学历史系李玉教授、南京师范大学南京大屠杀研究中心主任张连红教授、中国第二历史档案馆史料编辑部主任郭必强研究馆员、江苏行政学院李继锋教授、中国近代史遗址博物馆副馆长刘晓宁研究馆员、南京出版社副社长卢海鸣编审共 10 位著名民国史或民国文献研究学者，组成评选委员会。

12 月 15 日，南京图书馆馆藏民国文献十大珍品正式向社会公布。

南图馆藏民国文献十大珍品为：

01 《民权初步》 原题名《中国苏维埃》 全国苏维埃区域代表大会编 上海：三民公司 1930 年 5 月 加精装

02 《毛泽东选集》（共五卷） 晋察冀日报社编印 1944 年 5 月初版 一册 布面精装本

03 《中央政治学校学生实习总报告》（系列）　中央政治学校学生
　　撰　稿本　南京：中央政治学校　1931—1937 年

04 《新译英国政府刊布中国革命蓝皮书》　陈国权译、邓宗禹校
　　勘　上海国民党交通部　1913 年出版　精装

05 《蒋总司令军事手札》　南京：大陆印书馆代印　原件影印　于
　　右任题签　线装

06 《总理年谱长编初稿》　三册　中国国民党中央党史史料编纂委
　　员会 1932 年编辑　抄本影印　林森旧藏

07 《韩民月刊》　韩国国民党宣传部主办　重庆：韩民月刊社编印

08 《璎珞》（旬刊）　江苏松江：璎珞旬刊社编印

09 《新华日报》（华中版）　中共中央华中分局机关报

10 《南京新报》（日报）　伪"中华民国维新政府"、汪伪国民政
　　府机关报

12 月 21 日，文化部办公厅印发《文化部办公厅关于加快推进全国古籍普查登记工作的通知》，进一步明确普查登记范围、普查登记内容、普查登记办法、普查登记成果及其他相关要求。

2012 年

1 月 13 日，南京图书馆馆长徐小跃会见美国马里兰大学副校长、研究生院院长查尔斯·卡拉莫罗一行。宾主双方就文献交流、古籍修复等合作项目展开会谈，并达成初步意向。会见前，在副馆长全勤的陪同下，卡拉莫罗博士参观了历史文献阅览室、古籍修复室和古籍书库，并现场观摩古籍修复演示。

2 月 7 日，《苏州文献丛书》第一辑《吴郡文编》首发式在苏州博物馆举行。苏州市委常委、宣传部部长蔡丽新，苏州市副市长王鸿声，苏州

市文广新局局长汤钰林，全国古籍整理出版规划领导小组成员、复旦大学陈尚君教授，苏州大学社会学院院长王卫平教授，《苏州文献丛书》编委会全体成员以及顾氏后人代表，苏州大市及县级市各家图书馆代表及新闻媒体 30 余人参加了首发式。首发式由市委宣传部副部长、市文明办主任缪学为主持。该书为清代江苏长洲（今苏州）学者、藏书家顾沅所编纂，是苏州地方史志的一部集大成之作。此书只存稿本，此次《吴郡文编》出版尚属首次，对原稿本的保护和进一步的研究提供了有力支持。

2 月 11 日，无锡市图书馆举办"无锡入选《国家珍贵古籍名录》书展"。此次展览以图文并茂的形式展示了无锡馆入选第一、二、三批《国家珍贵古籍名录》的书籍，共 80 部。

2 月，南京图书馆组织编撰的《中国近现代人物像传》由上海古籍出版社出版。该书收录从鸦片战争到中华人民共和国成立（1840—1949）的 110 年间，中国具有一定影响的 4255 位历史人物（含少量对中国近现代有重要影响的外国人物）的照片或画像，并配以生平介绍。

3 月 21 日，受省委宣传部副部长、省文化厅厅长章剑华委托，省文化厅党组成员、南图党委书记方标军，馆长徐小跃热情接待了来南京图书馆参观访问的美国亨廷顿图书馆馆长斯蒂夫·科布里克、副馆长苏西·莫赛一行。宾主双方就加强业务往来，合作举办古籍珍本展览、开展文献修复技术交流等交流与合作事宜进行了深入探讨。

3 月 22 日，江苏省古籍保护工作会议在南京召开。来自全省 29 家古籍收藏单位的分管领导、古籍部主任和相关人员共 50 余位代表参加了会议。会议由南京图书馆副馆长、省古籍保护中心主任全勤主持，南京图书馆馆长徐小跃、省文化厅社文处副调研员宋伟敏出席会议，徐小跃馆长并在会上讲话。此次会议是自中华古籍保护计划实施以来，江苏召开的第四次全省古籍保护工作会议。

4 月 23—27 日，由镇江市图书馆和江苏大学图书馆联合主办的"古籍

展览校园行"活动在江苏大学校园举办。活动旨在向大学校园传播古籍文化、促进文化传承。展览图文并茂地展示了我国自甲骨文以来三千年典籍文化的历史、镇江人藏书读书的历史、古代典籍中的镇江,以及近几年来镇江市在古籍普查、古籍保护与古籍开发工作中所取得的成就。

5月12日,国家图书馆馆长、文化部原副部长周和平一行,在南京图书馆党委书记方标军、副馆长全勤,扬州市文广新局党委书记颜志林、纪委书记徐朝平、副调研员、社文处长栾红等陪同下,视察了扬州市图书馆。

5月18日,苏州博物馆馆藏文物系列图录捐赠仪式在苏博举办。国家图书馆、上海图书馆、南京图书馆、苏州图书馆及苏州五县市图书馆代表参加了捐赠仪式。

5月23日,江苏省委常委、宣传部长王燕文来到南图检查指导工作,省委宣传部副部长梁勇、省文化厅副厅长高云以及省委宣传部文艺处负责同志陪同视察。

6月20日,南京图书馆组织召开"过云楼藏书"鉴定会,李致忠、陈先行、杨成凯、沈燮元先生四位专家,对南京图书馆"过云楼藏书"进行全面系统的鉴定。参加会议的还有全国古籍保护工作专家委员会委员、南京图书馆研究部(国学研究所)主任徐忆农以及历史文献部主任和相关工作组的同志。凤凰出版社社长兼总编辑姜小青作为江苏凤凰出版传媒集团有限公司代表列席了会议。经过专家签字认可,《南京图书馆"过云楼藏书"鉴定评估意见》最终形成。

6月26日,南京图书馆召开过云楼藏书新闻发布会,公布南图过云楼藏书总体情况和专家鉴定评估意见。省文化厅党组成员、南图党委书记方标军,南京图书馆馆长徐小跃出席,全勤副馆长主持新闻发布会。

6月27—29日,第九期全国古籍普查登记管理人员培训班暨第九期江苏省古籍保护工作培训班在南京举办。此次培训班面向华东地区招生,来自上海和江苏地区古籍收藏单位的50名学员接受了培训。南京图书馆馆

长徐小跃，国家古籍保护中心办公室副主任陈荔京，江苏省古籍保护中心主任、南京图书馆副馆长全勤，省文化厅社文处副调研员宋伟敏，国家古籍保护中心管理组副组长洪琰，天津图书馆历史文献部主任李国庆，浙江图书馆古籍部副主任陈谊参加了开班仪式。

6月29日，江苏省人民政府印发《省政府关于公布第三批江苏省珍贵古籍名录的通知》。

8月10日，江苏省古籍保护中心印发《关于发放古籍普查登记目录经费的通知》。

8月，江苏省古籍保护中心印发《关于报送第五批全国珍贵古籍名录的通知》。

8月中旬，"金陵图书馆特色馆藏古籍珍品展"在金图开展。此次珍品展，从馆藏国家级珍本古籍、馆藏珍贵拓片、馆藏珍贵民国文献、馆藏南京市立图书馆文献、南京特色史料文献、古籍修复成果展示等6个方面集中展示了该馆的珍贵藏品及多年的古籍工作成果。

9月12日，由国家图书馆出版社、南京图书馆联合举办的《南京图书馆藏稀见方志丛刊》新书发布暨地方志整理出版座谈会在南京图书馆举行。国家图书馆党委书记詹福瑞，江苏省地方志编委会办公室主任、党组书记方未艾，江苏省文化厅党组成员、南图党委书记方标军，副馆长全勤，南京大学教授茅家琦，浙江大学教授仓修良，复旦大学教授邹逸麟等来自图书馆、高校、档案馆、博物馆、出版界的40余位领导和专家学者参加了会议。发布会由国家图书馆出版社副社长姜虹主持。国家图书馆党委书记詹福瑞，江苏省文化厅党组成员、南京图书馆党委书记方标军共同为新书发布揭幕。詹福瑞书记对该丛刊的出版表示祝贺。南图副馆长全勤重点介绍了该书的整理编辑情况和出版的价值意义。国家图书馆出版社副社长姜虹介绍了国家图书馆出版社关于地方志整理出版的情况。江苏省文化厅党组成员、南京图书馆党委书记方标军做了讲话。方志整理出版座谈会由南京图书馆副馆长、江苏省古籍保护中心主任全勤主持。与会的各位专家学者，图书馆、博物馆、档案馆、高校系统相关负责人和与会人员，对《南京图书馆藏稀见方志丛刊》给予了高度评价，同时也深入探讨了地方志整理出版工作的意义和价值，并就方志出版的整理思路进行了具体的讨论。

10 月 18 日，"海峡两岸玄览堂珍籍合璧展"在南京图书馆开幕。国家图书馆副馆长张志清、台湾汉学研究中心主任曾淑贤、南京图书馆馆长徐小跃分别代表主办单位致辞。江苏省人民政府台湾事务办公室副主任石细云、国家图书馆古籍馆副馆长陈红彦、台湾汉学研究中心副主任俞小明参加了开幕式。此次活动不仅是继"富春山居图台湾合璧展"之后又一文化盛事，而且是分隔两岸的珍贵典籍首度重返大陆相聚团圆，必将在两岸文化交流史上留下绚丽的篇章。

10 月 26—11 月 28 日，第四期全国古籍修复技术培训提高班暨第十期江苏省古籍保护工作培训班在南京图书馆开班。江苏省文化厅社文处处长嵇亚林，省古籍保护中心主任、南京图书馆副馆长全勤，国家古籍保护中心办公室主任助理王红蕾参加了开班典礼并分别致辞。本次培训班邀请了杜伟生、赵家福等代表了国内古籍修复最高水平的专家授课。参加培训的 32 位学员是国家古籍保护中心从全国古籍收藏单位几百位曾参加过古籍修复初级培训班的学员中考核招收的，整体层次较高，代表了目前我国古籍修复的核心力量。

11 月 15 日，苏州市古籍保护工作座谈会在苏州图书馆召开，苏州图书馆、苏州大学图书馆、常熟图书馆、吴江图书馆、苏州博物馆、吴中区图书馆、常熟博物馆、昆山文管会、苏州戏曲博物馆及西园寺图书馆等 10 家古籍收藏单位相关负责人及工作人员 20 余人参加了会议。此次会议是苏州市古籍保护中心成立以来首次召开的较大规模的古籍保护工作会议。

12 月 11 日，江苏省图书馆学会古籍整理和文献保护专业委员会在南京召开工作会议。

12 月 18 日，全国古籍普查工作座谈会在北京召开，研讨全国古籍普查与全国可移动文物普查对接工作；国图介绍全国古籍普查工作进展情况；各省级古籍保护中心汇报 2012 年古籍普查工作进展情况及 2013 年古籍普查工作要点。

2013 年

3 月 21—23 日，由国家图书馆主办、南京图书馆协办的"民国时期文献保护工作座谈会"在南京举行。文化部原副部长、国家图书馆馆长周和平作主旨发言，江苏省文化厅党组书记、厅长徐耀新出席会议并致辞。江苏省文化厅党组成员、南京图书馆党委书记方标军，国家图书馆副馆长陈力、南京图书馆馆长徐小跃出席开幕式。来自全国省级图书馆的代表、档案馆、高校和研究机构的专家学者近 50 人参加会议。会议期间对南京图书馆民国时期文献保护工作进行了实地考察。

3 月，国务院颁布《关于公布第四批国家珍贵古籍名录和第四批全国古籍重点保护单位的通知》（国发〔2013〕12 号），正式公布第四批《国家珍贵古籍名录》和"全国古籍重点保护单位"。第四批《国家珍贵古籍名录》包括 189 家藏书单位的 1516 部古籍，第四批"全国古籍重点保护单位"有 16 家。江苏有 20 家的 191 部古籍入选，数量列全国第三。其中南京图书馆有 96 部入选，在所有入选单位中位居第三。截至目前，国务院四批《国家珍贵古籍名录》共 11375 部，江苏入选数量占全国总量的 10.66%。

3 月，在由国家古籍保护中心公布的 14 项古籍普查重要发现中，南京图书馆藏宋刻《龙川略志》六卷《别志》四卷、徐州市图书馆藏宋刻本《四书章句集注》均入围，数量仅次于国家图书馆。南京图书馆藏本原为过云楼藏书，是目前仅见的两志合刻宋刊宋印本，具有珍贵的史料价值。此本入第一批《国家珍贵古籍名录》。徐州市图书馆藏宋刻本《四书章句集注》曾尘封于书库中，该书在古籍普查之前从未曾见著录于各大书目，直至开展古籍普查后才得以重现于世。此本入第四批《国家珍贵古籍名录》。

5月18日，江苏省第一次全国可移动文物普查启动仪式在常州博物馆举行，南图副馆长、省古籍保护中心主任全勤参加了活动。

6月9日，江苏省委常委、苏州市委书记蒋宏坤，市委常委、秘书长王少东在市文广新局党委书记、局长陈嵘，副局长尹占群等相关同志陪同下赴苏州图书馆调研。

6月，南京图书馆再度通过拍卖竞得《孙月峰先生评选四大家八卷》等13种古籍文献，进一步丰富了馆藏资源。

7月8—10日，第一期江苏省可移动文物普查业务培训班在常州举办，江苏省古籍保护中心武心群参加了培训。

7月22日，江苏省文化厅社文处处长束友春、副调研员宋伟敏来到南京图书馆，对省古籍保护中心工作进行考察调研。南京图书馆副馆长、省古籍保护中心主任全勤汇报了相关工作。

9月5日，中央电视台科教频道特别节目摄制组专程在江苏拍摄时长60分钟的文献纪录片《过云楼》，南京图书馆积极配合。

9月，南京图书馆积极申请国家可移动文物修复资质单位（二级），已顺利完成申报材料的收集与整理，上交江苏省文物局，经审核通过后，将上报国家文物局审批。

10月21日，由江苏省文化厅、江苏省古籍保护中心主办，南京莫愁中等专业学校承办的2013年"传承与发展——历史文献保护实践与展望"学术研讨会暨江苏省古籍保护工作会议在南京召开。江苏省文化厅党组成员、南京图书馆党委书记方标军，国家古籍保护中心办公室副主任陈荔京，江苏省文化厅社文处处长束有春，南京图书馆副馆长、江苏省古籍保护中心主任全勤，南京市莫愁中等专业学校校长杜迎新等参加了开幕式。方标军、陈荔京、杜迎新分别致辞，全勤主持会议。本次会议共有来自上海、浙江、广西、广东、辽宁、山西及澳门等地历史文献保护工作专家，以及

江苏地区公共图书馆、高校图书馆、博物馆、科研系统等古籍收藏单位的代表近 70 人参会。

10 月 29—31 日，第十一期江苏省古籍保护工作培训班在南京图书馆举办，培训学员 15 人。

11 月 12—14 日，第十二期全省古籍保护工作培训班在南京图书馆举办，培训学员 12 人。

11 月 29 日，常州清砚谱社家谱捐赠仪式在苏州图书馆举行。清砚谱社是常州著名的家谱编印出版专业机构，此次该社向苏州图书馆捐赠新修家谱 83 种，总计 676 册，具有重要文献价值。

11 月 29 日，苏州市古籍保护工作座谈会在苏州图书馆召开。苏州图书馆、苏州大学图书馆、常熟图书馆、吴江图书馆、苏州博物馆、吴中区图书馆、张家港图书馆、太仓图书馆、常熟博物馆、昆山文管所、苏州戏曲博物馆及西园寺图书馆等 12 家古籍收藏单位相关负责人及工作人员 20 余人参加了会议。

12 月 1 日，以"云霞重聚，百年传承"为主题，由南京图书馆和江苏凤凰出版传媒集团共同举办的过云楼藏书合璧展在南图开展。省文化厅党组书记、厅长徐耀新，江苏凤凰出版传媒集团董事长陈海燕，省文化厅党组成员、南京图书馆党委书记方标军，南京图书馆馆长徐小跃，新华日报社副总编辑、中国江苏网总编辑金伟忻，凤凰出版传媒集团副总经理叶建成等出席了合璧展开展仪式。

12 月 3—25 日，"古籍普查重要发现暨第四批国家珍贵古籍特展"在北京举办，国家古籍保护中心并于 12 月 13 日设立"古籍保护主题宣传日"。

12 月 5 日，江苏省文化厅印发《关于调整江苏省古籍保护工作专家委员会成员的通知》。

12 月 5 日，江苏省文化厅印发《关于调整江苏省古籍保护工作专家委员会成员的通知》，南图副馆长全勤任主任，南京大学文学院教授、博导徐兴无、南京图书馆历史文献部研究馆员徐忆农任副主任。顾问：沈燮元（南京图书馆研究馆员）。成员有（按姓氏笔画为序）：方云（南京图书馆历史文献部副研究馆员）、王华宝（东南大学古典文献学研究所所长、教授）、王奇志（南京博物院副院长、研究馆员）、史梅（南京大学图书馆副馆长、副研究馆员）、江庆柏（南京师范大学文学院教授、博导）、刘向东（扬州市图书馆原馆长、副研究馆员）、许建中（扬州大学文学院原院长、教授、博导）、许晓霞（苏州市图书馆副馆长、研究馆员）、孙迎春（南京图书馆历史文献部研究馆员）、李丹（南京大学图书馆古籍部主任）、李培文（南京图书馆历史文献部副研究馆员）、李峰（苏州大学图书馆副馆长、教授）、张建平（南京师范大学图书馆常务副馆长、副研究馆员）、陈立（南京图书馆历史文献部主任、副研究馆员）、陈晓明（南京图书馆历史文献部副研究馆员）、周蓉（南京图书馆历史文献部副主任、副研究馆员）、徐苏（镇江市古籍保护中心主任、研究馆员）、曹红军（南京师范大学文学院教授）、

曾莉（南京中医药大学图书馆馆长、教授、博导）、程章灿（南京大学古典文献研究所所长、教授、博导）。秘书：武心群（南京图书馆历史文献部副研究馆员）。

12 月 27 日，新一届江苏省古籍保护工作专家委员会工作会议在南京图书馆召开。南京图书馆副馆长、省古籍保护中心主任全勤，省文化厅公共文化处处长束有春，以及 21 位专家委员会成员、公共文化处相关同志参加了会议。

2014 年

1 月 7 日，"民国时期文献酸化检测及国内外脱酸技术调研"专家咨询会在南京召开，课题负责人、南京图书馆副馆长全勤主持，国家图书馆古籍馆文献保护组组长田周玲、第二历史档案馆技术部主任邵金耀、南京

博物院文物保护研究所副所长张金萍、南京大学图书馆古籍修复专家邱晓刚、金陵科技学院人文学院教授葛怀东等专家以及南京图书馆历史文献部相关人员参加了会议。南京图书馆除开展国家图书馆委托的课题外，将继续与南京博物院合作，共同开展已成功申报的国家科技部有关民国文献酸化及脱酸课题的研究。

2月10日，江苏省古籍保护中心转发国家古籍保护中心《关于申报第五批〈国家珍贵古籍名录〉和"全国古籍重点保护单位"的通知》（国家中心发〔2014〕1号），要求全省各古籍收藏单位继续开展第五批《国家珍贵古籍名录》和"全国古籍重点保护单位"的申报工作。

4月10日，根据省政府办公厅《关于进一步加强古籍保护工作的意见》（苏政办发〔2007〕85号）精神，为持续推进全省古籍保护工作的深入开展，开创全省古籍保护工作新局面，决定在全省开展"江苏省古籍收藏单位"申报评定工作。

4月15日，广陵书社《江苏地方文献书目》出版座谈会在南京江苏省地方志办公室举行。座谈会由曾学文社长主持。《江苏地方文献书目》主编江庆柏教授介绍了本书的编纂始末，孙叶锋副社长介绍了本书的编辑出版情况。省新闻出版局出版管理处孙敏处长、省方志办方志旧志整理中心主任张乃格、南京图书馆图书馆副馆长全勤、凤凰出版社姜小青社长等相关领导，以及南京大学、南京师范大学等高校的专家学者及多家媒体记者出席了会议。《江苏地方文献书目》由广陵书社于2013年12月出版，是一部对现存江苏地方文献进行全面系统整理的著作。

6月，中国图书馆学会印发《关于申办"中华古籍保护计划"成果宣传推广活动的通知》。国家图书馆（国家古籍保护中心）和中国图书馆学会拟联合各省、自治区、直辖市文化厅（局）于6月14日"中国文化遗产日"前后开展"中华古籍保护计划"成果宣传推广活动。

6月14日，是"文化遗产保护日"，江苏省古籍保护中心以古籍保护为宣传重点，启动了"中华古籍保护计划"成果宣传推广活动。这一天，南京图书馆、扬州市图书馆、徐州市图书馆等都同日举办了相应展览。

6月14日，南京图书馆举办"陈廷焯稿本捐赠仪式"，晚清著名词学家陈廷焯嫡孙陈光裕、陈昌、陈光远先生，代表家族将祖父陈廷焯之著作《词则》《白雨斋词话》两部手稿本及《骚坛精选录》残稿无偿捐献给南京图书馆。

6月17日，南京十大藏书家之一的汪维寅先生将其珍藏的17封书信的电子版赠给南图。这些书信是陈廷焯的亲友及学生写给他的，内容广泛，至此南图又新增有关陈廷焯先生的研究资料。

6月20—26日，国家图书馆（国家古籍保护中心）和中国图书馆学会联合各省、自治区、直辖市文化厅（局）在全国范围内开展的"中华古籍保护计划"成果展走进苏州，在苏州图书馆展出。

6月24日，南京图书馆为从事古籍整理工作多年的沈燮元先生举办了九十大寿庆祝会。徐小跃馆长到会并讲话，全勤副馆长为沈先生赠送了纪念品并讲话，历史文献部、研究部、馆长办公室、人事组织部等部门相关人员参加了活动。

7月2日，国家古籍保护中心周崇润、郭晶，浙江省图书馆馆长徐晓军3位专家专程对申报"全国重点古籍保护单位"的泰州市图书馆进行实地考察。江苏省古籍保护工作专家委员会委员、南京图书馆历史文献部副研究馆员方云和泰州市文广新局文化遗产处处长、泰州市博物馆馆长卢红陪同考察。

7月11日，经国家古籍保护中心评审与公示，江苏省古籍保护中心顺利入选首批国家古籍保护中心人才培训基地。

7月，暑假期间，南京图书馆举办了第一期"古书探秘"活动，通过"听讲、参观、动手"三个环节，引导小读者走近古籍。

8月，第五批《国家珍贵古籍名录》初审工作结束，国家古籍保护中

心委派国家古籍保护中心专家委员会主任李致忠、上海图书馆历史文献中心副主任郭立暄、国家古籍保护中心办公室郭晶、故宫博物院研究馆员施安昌，原文物出版社编辑孟宪钧以及国家古籍保护中心办公室管理组副组长王沛6人，分两路对我省五家单位申报的7部古籍进行实地考察。

9月16日，文化部办公厅印发《关于评选全国古籍保护先进单位和古籍保护先进个人的通知》。

10月11日，全国古籍保护工作会议在北京召开。会上评选了全国古籍保护先进单位和古籍保护先进个人。江苏省4家单位入选全国古籍保护先进单位：南京图书馆（江苏省古籍保护中心）、苏州市图书馆、苏州市吴江区图书馆、金陵刻经处。6人入选全国古籍保护先进个人：全勤（南京图书馆）、周蓉（南京图书馆）、武心群（南京图书馆）、颜萍（泰州市图书馆）、杨丽（南通市图书馆）、朱煜（常州市图书馆）。

10月13日，江苏省人民政府发布《关于公布江苏省第十三届哲学社会科学优秀成果奖的决定》（苏政发〔2014〕106号），南京图书馆两项科研成果获奖。其中由全勤同志任主编的《南京图书馆藏稀见方志丛刊》（著作）获一等奖，此次一等奖为南图首次获得，取得了历史性突破。

10月17日，江苏省古籍保护中心转发国保中心《关于做好与高等院校合作培养古籍保护人才工作的通知》。

10月20日，江苏省文化厅公布"江苏省古籍保护单位"评选结果，确定南京晓庄学院图书馆等21家单位入选"江苏省古籍保护单位"。

10月22—11月21日，受国家图书馆、国家古籍保护中心委托，"册府千华——江苏省藏国家珍贵古籍特展"在南京图书馆举办。南京图书馆陆续展出入选国家珍贵古籍名录的200部善本，这是南京图书馆历史上规模最大、珍本最丰、规格最高的古籍展览。

10月24日，江苏省古籍保护中心向21家江苏省古籍保护单位分别发放2万元古籍保护经费，向江苏省内21家国家古籍重点保护单位分别发放3万元古籍保护经费。

11月3—12月12日，第十七期全国古籍修复技术培训班暨第十三期江苏省古籍保护工作培训班在南京市莫愁中等专业学校举办。国家古籍保护中心办公室主任助理王红蕾，莫愁职业中等学校长杜迎新，省古籍保护中心主任、南京图书馆副馆长全勤参加了开班典礼并分别致辞。这次培训班是江苏省古籍保护中心入选国家古籍保护中心人才培训基地后的首期培训班，29位培训班学员中有多位硕士、博士，这充分说明了各古籍收藏单位对古籍修复工作的重视、对古籍保护人才的重点培养。

11月19日，苏州市古籍保护工作座谈会在吴江区图书馆召开，苏州图书馆、苏州大学图书馆、常熟图书馆、吴江图书馆、苏州博物馆、吴中区图书馆、张家港图书馆、太仓图书馆、昆山图书馆、常熟理工学院图书馆、苏州市第五中学图书馆、常熟博物馆、昆山文管所、苏州戏曲博物馆、西园寺图书馆等15家古籍收藏单位相关负责人及工作人员20余人参加了会议。

12月9日，中国古籍保护协会会员招募启事发布，中国古籍保护协会为古籍保护行业协会，在民政部注册，由文化部主管。

12月24—26日，第十四期全省古籍保护工作培训班在南京图书馆举办。本次培训旨在进一步提高省内各古籍收藏单位对于古籍登记目录的审核水平，推动江苏省古籍登记目录的编校出版工作。全省有18家古籍收藏单位20位古籍保护人员前来参加培训。

12月，《徐州市图书馆珍贵古籍图录》出版。

2015 年

1月23日，中国古籍保护协会第一次会员代表大会暨协会成立大会在北京召开。大会选举成立了中国古籍保护协会第一届理事会和领导机构成员。江苏省古籍保护中心成为中国古籍保护协会会员，江苏省古籍保护中心主任全勤被选为中国古籍保护协会理事会理事。

1月，《徐州市图书馆古籍普查登记目录》由国家图书馆出版社正式出版发行。

2月9日，国家古籍保护中心和江苏省古籍保护中心签订《2015年国家古籍保护人才培训基地培训协议书》，省中心需在10月31日前向国家古籍保护中心提交本年度培训工作总结及2016年度培训计划，经国家古籍保护中心审核通过签订协议后方可执行。

2月10日，国家古籍保护中心在南京大学图书馆设立国家级古籍修复技艺传习中心江苏传习所，并签订《国家级古籍修复技艺传习中心江苏传习所2015年任务书》，选定邱晓刚同志为古籍修复技艺传习导师，开展古籍修复师带徒活动。

3月13日，江苏省古籍保护中心开展我省民国时期文献馆藏情况调研工作。

3月30日—4月3日，第一期全国古籍书志编纂培训班在国家图书馆举办。该培训班面向全国各古籍收藏单位招收50位学员。江苏省古籍保护中心选派了南京图书馆张小仲、南京大学图书馆李轶伦、镇江市图书馆彭义3位参加了培训。

4月17日，南京图书馆召开江苏省社会科学基金重大项目《江苏经籍志》专家论证会。《江苏经籍志》是南京图书馆历史上首次成功申报的江苏省社会科学重大基金项目（批准号：14ZD007）。江苏省委宣传部部务委员双传学教授、江苏省哲学社会科学规划办公室主任尚庆飞教授专程莅会指导。南京大学文学院院长徐兴无教授、古典文献研究所所长程章灿教授，南京师范大学江庆柏教授，凤凰出版社姜小青社长等专家学者应邀参会。南京图书馆馆长徐小跃，南京图书馆副馆长、江苏省古籍保护中心主任全勤，以及课题组成员参加会议。会议由全勤副馆长主持。

4月20—24日，第九期全国古籍普查登记目录审校人员培训班暨第十五期江苏省古籍保护工作培训班在金陵科技学院开班。来自江苏、江西、

山东、河南等地各级各类古籍收藏单位的 63 名古籍保护从业人员参加培训。南京图书馆馆长徐小跃，金陵科技学院党委副书记单晓峰，南京图书馆副馆长全勤等参加了开班仪式。开班典礼上，国家古籍保护中心副主任、国家图书馆副馆长张志清发来贺电。

5 月 5 日，经江苏省文物局审批，南京图书馆获国家二级可移动文物修复资质，业务范围包括古籍善本、碑帖拓本、文件、宣传品、档案文书等纸质文物的修复。

6 月 13—19 日，围绕主题为"保护成果，全民共享"的"我与中华古籍"摄影大赛优秀作品展在南京图书馆举办。南京图书馆作为巡展活动江苏站的主展场，展期结束后，还将在省内 5 家市、县级公共图书馆相继巡展至7 月底。

6 月 16 日，全省古籍保护工作会议在宁召开，会议全面总结近年来江苏省古籍保护工作，研究、部署下一阶段工作任务，来自全省各古籍收藏单位代表近百人参加会议。南京图书馆馆长徐小跃、省文化厅公共文化处副调研员宋伟敏出席会议并致辞，南京图书馆副馆长全勤主持开幕式，会议同时为 21 家"江苏省古籍保护单位"授牌。

8 月 27—28 日，国家古籍保护人才培训基地工作会议在贵州民族大学举行。全国 12 家国家古籍保护中心人才培训基地负责人和部分古籍保护专家参加会议。南京图书馆副馆长、江苏省古籍保护中心主任全勤出席会议，并代表江苏省古籍保护中心人才培训基地做会议交流发言。

10 月 27 日，江苏省古籍保护中心发布《关于开展全省古籍普查登记目录进度调查统计的通知》。

10 月 29 日，国家级古籍修复技艺传习中心江苏传习所在南京大学仙林校区杜厦图书馆举办以"指尖上的记忆"为主题的古籍修复技艺宣传体验活动。

11 月 2—6 日，第十六期江苏省古籍保护工作培训班在南京艺术学院开班。来自全省古籍收藏单位的 40 名学员参加了培训，其中三分之一为硕士。国家图书馆副馆长、国家古籍保护中心副主任张志清，南京艺术学院副院长谢建明，南京图书馆副馆长、江苏省古籍保护中心主任全勤，南京艺术学院人文学院党总书记陈勇军、院长董峰，国家古籍保护中心主任助理王红蕾等出席开班典礼。

11 月，在江苏省古籍保护中心的推动下，南京艺术学院人文学院与栖霞古寺共同签署了栖霞寺纸质文献遗存保护协议，标志着江苏省宗教古籍的保护和整理工作取得了新的突破。该项目还得到了栖霞区委统战部、栖霞区民宗局的高度重视，划拨专款 20 万元用于此次宗教古籍的保护与整理。合作项目正式启动后，南京艺术学院人文学院积极投入到栖霞寺宗教文献的保护整理工作之中。在南京艺术学院陈勇军书记的带领下，南京艺术学院教授孔庆茂在内的 40 余位师生利用课余时间，定期轮班赶赴栖霞寺，为所藏的佛经、古籍进行清理除尘、签条备注、登记编目、搬运上架、修复保护等。栖霞寺住持隆相大和尚、谛如法师、净善法师亲自参与了项目的实施与管理工作。

12 月 3 日，苏州市古籍保护工作座谈会在苏州图书馆召开，苏州图书馆、苏州大学图书馆、常熟图书馆、吴江图书馆、苏州博物馆、吴中区图书馆、苏州市第五中学图书馆、常熟博物馆、昆山文管所、张家港图书馆、太仓图书馆、昆山图书馆、苏州戏曲博物馆、西园寺图书馆等 10 余家古籍收藏单位相关负责人及工作人员 20 余人参加了会议。

12 月 7 日，由南京图书馆历史文献部主管方云和金陵图书馆特藏部主任纪景超带队，派出专业古籍普查队伍，奔赴普查工作有困难的秦淮区图书馆帮助开展古籍普查登记工作。

2016 年

1 月 4 日，国家古籍保护中心发布《关于报送全国古籍普查工作相关

材料的通知》。

1月22日，由甘肃省图书馆馆长郭向东、文化部公共文化司事业发展处主任科员李敏芳、福建省图书馆研究馆员谢水顺、国家图书馆研究馆员黄润华、国家古籍保护中心办公室副主任王雁行组成的文化部专家组来南京图书馆督导国家级古籍修复中心工作。

2月4日，由江苏省委省政府直接领导、省委宣传部具体组织实施的"江苏文脉整理与研究工程"正式启动。省社科联、省社会科学院、省财政厅、省文化厅、省教育厅、省新闻出版广电局、凤凰出版传媒集团、南京图书馆和南京大学、南京师范大学等高校等相关单位主要负责人和著名专家学者共60多人出席会议。"江苏文脉整理与研究工程"工作委员会委员、《江苏文库·书目编》主编、南京图书馆馆长徐小跃，"工程"编纂出版委员会委员、南京图书馆副馆长全勤参加会议。

2月28日，国家古籍保护中心印发《关于每年度核查古籍保护设备资产的通知》。

3月5日，江苏省政府下发《关于公布第四批省级非物质文化遗产代表性项目名录的通知》（苏政发〔2016〕5号），南京大学图书馆古籍修复技艺作为传统技艺入选名录。

3月15日，南京大学文献修复中心项目验收会在南京大学仙林校区杜厦图书馆召开。国家古籍保护中心副主任、国家图书馆副馆长张志清，国家古籍保护中心主任助理王红蕾，江苏省古籍保护中心主任、南京图书馆副馆长全勤，复旦大学中华古籍保护研究院常务副院长、复旦大学图书馆副馆长杨光辉，中山大学图书馆副馆长林明，南京大学图书馆馆长计秋枫，副馆长史梅出席了会议。

3月27日，国务院印发《关于公布第五批国家珍贵古籍名录和第五批全国古籍重点保护单位的通知》（国发〔2016〕22号），入选《国家珍贵古籍名录》的古籍有899部，入选全国古籍重点保护单位的有14家。

其中江苏省共有 82 部珍贵古籍、1 家单位（泰州市图书馆）入选全国古籍重点保护单位。

3 月 30 日，苏州市民宗局召开了宗教系统古籍保护工作会议，来自苏州市佛教、道教、基督教等单位及相关协会的近 20 人参加了会议。会议由宗教处处长郑尧清主持，宗教处副处长马连弟、苏州图书馆古籍部主任孙中旺介绍了相关情况。据不完全统计，苏州市宗教系统收藏的古籍达十余万册，在全国名列前茅，具有藏量大、质量高、收藏单位多等特点。

4 月 18—23 日，应台湾古籍保护学会邀请，南京图书馆副馆长、江苏省古籍保护中心主任全勤，南京图书馆历史文献部主任陈立赴台参加第二届海峡两岸古籍高峰论坛。

4 月 22 日，南京图书馆第一部由读者出资认修的珍贵典籍修复完毕，认捐小读者和家长应邀来到我馆古籍修复室验收。此次认捐修复的古籍为一部旧抄本《战国策》。

4 月 23—30 日，金陵图书馆特藏部联合江苏真德拍卖有限公司，为广大市民、读者带来一场集公益性、科普性、互动性、趣味性于一体的"赏珍·鉴宝"系列活动，在全民阅读的浪潮中，带领大家将视野转向古籍这一现代生活中难得接触的领域。

4 月 27 日，由国家古籍保护中心主办、南京艺术学院人文学院、江苏省古籍保护中心承办的"中华古籍保护名师讲堂"首场开讲，国家古籍保护工作专家委员会委员、武汉大学二级教授、博士生导师刘家真教授应邀作《评某些材质对古籍长期保存的影响——水、纸板、木材》学术讲座。"中华古籍保护名师讲堂"是南京艺术学院与国家图书馆（国家古籍保护中心）、江苏省古籍保护中心联合办学的重要项目之一。根据合作协议，南艺每年需举办 10 场古籍保护学术讲座，连续举办 3 年。

5 月 10 日，南京大学图书馆薪火文献修复中心揭牌仪式暨纸浆修复培训班开班典礼在南京大学仙林校区杜厦图书馆举行。此次培训班由南京大学图书馆主办，南京市莫愁中等专业学校古修中心承办，培训班为期 10 天。来自全国各修复单位的 13 位学员及南京艺术学院古籍修复专业的部分学生也一并参与。

5 月 18 日，"木石缥缃——苏州博物馆藏古籍碑拓特展"学术座谈会在苏州博物馆召开，著名版本目录学家沈燮元、江澄波、叶瑞宝等学者以及江苏省古籍保护中心、上海古籍保护中心、苏州古籍保护中心、文物出版社等相关单位代表出席。

6 月 11 日，由洪泽县图书馆和洪泽湖博物馆联合承办的"创客 @ 图书馆——'我与中华古籍'创客大赛"展在洪泽县文化中心开展。展览由"图书馆与创客空间""图书馆与古籍元素""古籍元素与创意设计"等 3 个展示单元组成。

6 月 13 日，"指尖上的记忆——非遗进校园首次活动"在南京大学仙林校区杜厦图书馆举行。本次活动分为古籍装帧形式介绍、纸浆修复现场演示、线装书制作体验及非遗知识竞答四个部分。

6 月 15 日，由国家古籍保护中心主办、南京艺术学院人文学院、江苏省古籍保护中心承办的"中华古籍保护名师讲堂"第二场讲座开讲。主讲人为南京图书馆副馆长、江苏省古籍保护中心主任全勤，全勤馆长应邀作《彰显中文典籍魅力，弘扬优秀地域文化》专题学术讲座。

6 月，南京图书馆党委书记韩显红、副馆长全勤带领相关部门负责人和有关人员，先后赴国家图书馆、天津图书馆、上海图书馆、上海少年儿童图书馆、浙江图书馆调研，以根据调研成果尽快形成南京图书馆古籍修复室、少儿图书借阅室的升级改造方案。

6 月，由徐小跃馆长任首席专家的《江苏经籍志》项目，经江苏省哲学社会科学规划领导小组批准，再度获得省社科基金重大项目追加经费 30 万元。至此，《江苏经籍志》项目总经费已达 60 万元。

6 月 29 日，淮阴师范学院图书馆举行淮安著名藏书家陈慎侗先生第

二批遗存古籍捐赠淮阴师范学院仪式。（第一批 580 余种，1700 余册已于 2012 年 4 月完成捐赠）。此次，陈廷顺先生又再次捐赠 122 种，400 余册。和陈廷顺先生首次捐赠的古籍一样，此批文献中亦不乏珍稀善本。

6 月，江苏省古籍保护中心协同金科院、南艺等高校及相关古籍收藏单位，以"三方联动模式"把古籍普查和人才培养相结合，培养了一批优秀的古籍保护志愿者。一部分学生志愿者在暑假参加了中国古籍保护协会举办的"中华古籍普查志愿服务行动"，并顺利通过招募选拔，作为古籍保护志愿者远赴西部地区参与古籍普查工作，成绩突出，深受好评。

7 月 18 日，江苏省古籍保护中心印发《关于公布江苏省古籍保护工作先进单位和先进个人的通知》，评选出 17 家先进单位，31 位先进个人。

7 月 21 日，由国家文化部、教育部主办，江苏省古籍保护中心（南京图书馆）、南京艺术学院人文学院承办的古籍保护与修复技艺非遗传承人群普及培训班在南京艺术学院正式开班。南京艺术学院吕斌副院长，张承志副院长，江苏省文化厅公共文化处副处长王健，南京图书馆副馆长、江苏省古籍保护中心主任全勤，南京艺术学院人文学院书记陈勇军等领导及教师代表、学员出席了开班仪式。此次培训班是国内目前唯一的针对国家级非遗项目——装裱修复技艺的传承人群的培训班。参加培训的 60 位学员来自于全国 11 个城市，大多数为各省、市图书馆，高校，文博系统等单位的修复骨干。其中江苏省古籍保护中心组织了全省古籍修复的业务骨干参加，培训为期 1 个月。

8 月 4 日，江苏省古籍保护中心两位工作人员前往宜兴，参观宜兴图书馆新馆古籍善本书库，现场指导古籍保护工作。此次调研，发现宜兴档案馆也存有部分古籍，江苏古籍收藏单位再添新成员。

8 月 26 日，由南京图书馆与台湾汉学研究中心共同发起并连续举办，国家图书馆、佛光山文教基金会联合主办的海峡两岸第三届玄览论坛在南京举行。两岸著名图书馆馆长与专家学者、高校知名教授、出版社社长及造诣精深的佛学界人士共同出席此次论坛，他们围绕"让书写在古籍里的文字活起来"主题发表演讲，并直接与图书馆读者、高校学生及社会各界人士进行交流互动。

9月28日，江苏省古籍保护工作会议在镇江召开。南京图书馆党委书记韩显红，南京图书馆副馆长、省古籍保护中心主任全勤，镇江市文广新局党委委员、副局长张志耕，镇江市图书馆书记、馆长褚正东出席会议并致辞。来自全省60余家古籍收藏单位的分管领导、古籍部主任和相关人员共110位代表参加了会议。会议总结了"十三五"规划开局之年全省古籍保护工作的成绩及经验，规划部署2017年乃至"十三五"期间的江苏省古籍保护工作，表彰近几年来古籍保护工作中涌现出的先进集体和个人。

10月12日，"国学馆"作为南京图书馆推广经典优秀文化的基地与窗口，正式对外免费开放，引发社会各界广泛关注。省文化厅党组书记、厅长徐耀新，省文化厅副厅长、党组成员裴旭，南京图书馆馆长徐小跃，南京图书馆党委书记韩显红，南京图书馆领导班子其他成员参加了仪式。徐小跃主持开馆仪式。

10月22—11月2日，受国家古籍保护中心委托，由高级编导、文化学者葛芸生先生领衔的《中华古籍保护计划专题片》摄制组，在江苏省进行专题拍摄。期间共拍摄采访了20多家单位、50多人次。

10月26日，国家级古籍修复技艺传习中心江苏传习所在南京大学仙林校区杜厦图书馆举办以"雕刻时光，反转印象"为主题的雕版印刷体验活动。

11月2—11日，第十七期江苏省古籍保护工作培训班在宜兴市图书馆举办。宜兴市图书馆副馆长杨芝琴主持了开班仪式，南京图书馆副馆长、江苏省古籍保护中心主任全勤，宜兴市文广新局副局长万年青以及南京图书馆历史文献部的部分老师出席了开班仪式。此次培训是江苏省古籍保护

中心首次将培训地点放在地方图书馆。来自全省公共图书馆、高校图书馆、宗教系统在内的 25 名古籍从业人员参加了培训。

11 月 3 日，国家图书馆副馆长、国家古籍保护中心副主任张志清，国家古籍保护中心主任助理王红蕾博士等一行 3 人，对江苏古籍保护工作进行调研，重点考察了金陵刻经处、南京艺术学院、栖霞寺 3 家单位。

11 月 15 日，国家古籍保护中心印发《国家古籍保护中心关于调查各单位古籍数字化情况的函》。

11 月 16 日，南京图书馆副馆长、省古籍保护中心主任全勤带领历史文献部相关人员赴河海大学图书馆现场调研该馆藏历史文献状况。河海大学图书馆馆长余达淮教授介绍了该馆在历史文献整理方面所做的工作和下一步的计划，全勤介绍了国家古籍保护计划、民国文献保护计划并就馆藏特色文献的收藏与保护、整理与开发等工作进行探讨。

11 月，南京图书馆藏民国期刊《新中华》影印出版（全 60 册）。该书由南京图书馆馆长徐小跃任主编，南京大学出版社出版。

11 月 21 日，苏州市古籍保护工作座谈会在常熟市古里镇组织召开。本次会议由常熟市图书馆和常熟市古里镇文化站承办，苏州图书馆、苏州大学图书馆、常熟图书馆、吴江图书馆、苏州博物馆、吴中区图书馆、常熟博物馆、昆山文管所、张家港图书馆、苏州戏曲博物馆、西园寺图书馆、常熟理工学院图书馆等 10 余家古籍收藏单位及古里镇政府的相关负责人及工作人员 20 余人参加了会议。

11 月 28—12 月 7 日，省古籍保护中心对金陵科技学院 30 多名古典文献专业的大学生志愿者进行了相关培训，随后前往鼓楼区图书馆帮助开展古籍普查实践工作。经普查，鼓楼区图书馆有古籍 156 部 2139 册，其中善本 20 部 409 册，民国文献 56 部 1196 册，非古籍 23 部 94 册。总计 235 部 3429 册。

12 月 5 日，金陵科技学院古典文献专业的大学生志愿者前往宜兴市

图书馆，用 4 天时间完成了经第十七期省古籍保护培训班学员整理后剩余的 600 多部古籍的编目工作。

12 月 19 日—23 日，第十八期江苏省古籍保护工作培训班在淮安市图书馆举办，来自全省基层公共图书馆的 20 多位学员和金陵科技学院的 15 名古籍保护志愿者参与此次培训。淮安周边古籍藏量较少的单位也都派员参加了培训，其中涟水县图书馆、淮阴区图书馆专门将馆藏古籍送到培训班，省中心老师指导他们进行分类、编目、保管利用。

12 月 27 日，南京图书馆举行历史文献修复中心升级改造落成仪式。省文化厅党组成员、副厅长裴旭，南京图书馆馆长徐小跃，南京图书馆党委书记韩显红，国家古籍保护中心办公室副主任王雁行出席仪式并共同为历史文献修复中心揭牌。徐小跃、王雁行分别代表南京图书馆、国家古籍保护中心致辞。福建省图书馆研究馆员谢水顺、国家图书馆研究馆员黄润华、国家古籍保护中心办公室主任助理王红蕾、国家古籍保护中心办公室副研究馆员庄秀芬以及南京图书馆馆领导班子成员等参加了落成仪式。南京图书馆副馆长、江苏省古籍保护中心主任全勤主持仪式。

12 月 27 日，国家古籍修复技艺传习中心金陵刻经处传习所揭牌仪式在金陵刻经处举行，南京图书馆馆长徐小跃、南京图书馆副馆长、江苏省古籍保护中心主任全勤、国家古籍保护中心办公室副主任王雁行、南京市民宗局副局长纪勤为国家级古籍修复技艺传习中心金陵刻经处传习所揭牌。仪式由金陵刻经处副主任陈治国主持，国家古籍保护中心办公室庄秀芬宣读了关于成立国家级古籍修复技艺传习中心金陵刻经处传习所的批复文件。国家古籍保护中心办公室主任助理王红蕾、南京图书馆副馆长、江苏省古籍保护中心主任全勤以及金陵刻经处常务副主任肖永明分别致辞。国家古籍保护中心办公室副主任王雁行、南京市文广新局巡视员顾小荣分别为金陵刻经处传习所导师马萌青、导师助理邓清之颁发了聘书。

2017 年

3 月 20—23 日，第十九期江苏省古籍保护工作培训班在常州市武进区图书馆开班。来自全省古籍收藏单位的学员、金陵科技学院的古籍保护志愿者以及部分领导和老师共 50 多人参加了培训。武进区图书馆馆长王晓刚主持开班仪式，南京图书馆副馆长、江苏省古籍保护中心主任全勤致辞。

4 月 20 日，南京中医药大学图书馆读书节活动之"历史上的医患关系"展在图书馆举办。本次展览是从馆藏古籍中挖掘出相关内容资料，以古籍故事会的方式呈现，轻松幽默的故事性与内容丰富的知识性相结合，对医学生普遍关注的一些热点问题给予了解答。

4 月，应台湾古籍保护学会邀请，南京图书馆副馆长、江苏省古籍保护中心主任全勤，南京图书馆历史文献部副主任周蓉赴台参加第三届海峡两岸古籍高峰论坛。

5 月 9—10 日，第四批《江苏省珍贵古籍名录》、江苏省古籍重点保护单位和江苏省古籍保护单位评审会在南京图书馆历史文献修复中心召开。南京图书馆馆长徐小跃、江苏省文化厅公共文化处处长杨树发、副调研员宋伟敏出席会议。江苏省古籍保护工作专家委员会委员南京中医药大学副校长曾莉、南京大学文学院院长徐兴无、南京师范大学文学院研究员江庆柏、南京大学图书馆副馆长史梅、东南大学古典文献学研究所所长王华宝、镇江市图书馆学会理事长徐苏、南京大学图书馆古籍部主任李丹以及南京图书馆有关专家参加评审。会议由南京图书馆副馆长、省古籍保护中心主任全勤主持。此次省古籍保护中心共收到 1300 部古籍和 6 家单位的申报材料。

5 月 10 日，"江苏传习所文献保护与交流会"在南京大学仙林校区杜厦图书馆举行。来自南京师范大学图书馆特藏部、南京中医药大学古籍部、南京艺术学院人文学院以及南京大学图书馆古籍部的同仁参加了本次交流会。

　　5月17日，南京中医药大学图书馆在古籍部举办了"历代本草知多少——本草古籍展"，本次古籍展是配合"草木本有心"读书节主题开展的活动，共展出古籍19种179册，其中包含善本3种68册。

　　5月18日，南京图书馆召开"南京图书馆珍贵古籍修复方案专家论证会"。会议特别邀请了国家古籍保护中心办公室主任林世田、国家图书馆古籍馆副馆长陈红彦、国家图书馆国家级古籍修复传习中心导师朱振彬、天津古籍保护中心办公室副主任万群四位专家与会指导。南图历史文献修复中心工作人员汇报了《永类钤方》《天下郡国利病书》和《太平御览》3种馆藏古籍的破损情况和修复方案，得到了与会专家的肯定。

　　5月25日，国家古籍保护中心成立十周年座谈会暨全国古籍普查登记会议在国家图书馆召开。文化部原副部长、国家图书馆名誉馆长周和平，文化部公共文化司司长张永新、副司长陈彬斌，国家图书馆馆长、国家古籍保护中心主任韩永进，国家图书馆原党委书记、常务副馆长詹福瑞，国家图书馆副馆长、国家古籍保护中心副主任张志清，中国运载火箭技术研究院副院长唐国宏、全国古籍保护工作专家委员会主任李致忠、全国高校古籍整理研究委员会主任安平秋等专家学者，以及来自各省、自治区、直辖市古籍保护中心的负责人等50余人参加会议。座谈会上，南京图书馆副馆长、江苏省古籍保护中心主任全勤作为省级古籍保护中心代表在会上发言。

　　6月7—8日，全国图书馆民国时期文献编目工作研修班在南京图书馆举办。上海市政府参事、上海图书馆原馆长吴建中，江苏省文化厅副厅长、党组成员、省图书馆学会理事长裴旭，南京图书馆党委书记、副馆长韩显红，南京图书馆副馆长、省图书馆学会常务副理事长全勤等领导出席了启动仪式。启动仪式由全勤主持。裴旭、吴建中分别致辞。来自全国各级各类图书馆民国时期文献编目工作主管领导及业务骨干等130人参加了本次研修活动。

6月7—14日，江苏省古籍保护中心老师带领金陵科技学院人文学院古文献专业及古籍修复专业的 9 位大学生志愿者，前往江苏省社会科学研究院图书馆进行文献编目整理工作。

6月26—7月7日，南京大学图书馆薪火文献修复中心文献修复工作坊在南京大学杜厦图书馆举办。来自上海市档案馆、吉林大学图书馆、南京艺术学院、苏州工艺职业技术美院、荆州文物保护中心、保定学院等单位的 10 名文献修复工作者参加了本次工作坊。

6月29—30日，中国古籍保护协会会长刘惠平、秘书长梁爱民一行来宁调研江苏古籍保护工作。期间，中国古籍保护协会还与江苏古籍保护中心、南京栖霞古寺、天津森罗科技股份有限公司合作，举办了"古籍低氧杀虫与保护技术应用研讨会"。来自全国图书馆、档案馆界的 40 位专家和技术人员参加会议并展开研讨和交流。国家档案局、武汉大学、国家图书馆古籍馆有关专家作了主旨发言。

8月9日，《中国文化报》整版刊登南京图书馆全勤副馆长撰写的《砥砺奋进 任重道远——江苏古籍保护事业 2007 年至 2017 年发展回顾》一文，全面介绍了江苏古籍存藏特点、江苏古籍保护事业显著成绩、江苏古籍保护事业发展特点。

9月8日，为迎接第 33 个教师节的来临，响应国家古籍保护中心的号召，"尊师重教，修学研艺——教师节古籍保护学艺传承活动"在南京图书馆成功举办。参加本次活动的有南京图书馆历史文献修复中心、南京大学图书馆、南京艺术学院人文学院的老师及古籍专业的 25 位学生。

10月20日，《中国茶文化资料集成·江苏卷》编纂会议在南京图书馆举行。南京图书馆副馆长、江苏省古籍保护中心主任全勤，苏州图书馆副馆长许晓霞，镇江市图书馆副馆长孔彦，仪征市图书馆馆长周明艳，溧阳市图书馆馆长宋国忠，宜兴市档案局副局长宗伟芳，宜兴市图书馆副馆长杨芝琴以及南京图书馆的部分专家出席了本次会议。《中国茶文化资料集成》由中国图书馆学会阅读推广委员会在全国范围内牵头组织协调，北京大学教授、图书馆界资深专家王余光任主编，国家海洋出版社负责出版发行。江苏省古籍保护中心承接了此分省卷项目的编纂任务，旨在借助茶文化资料集成的编纂工作带动地方文献的征集，强化特色文献建设，为深入开展有关茶文化的研究奠定基础。

10月30日，国家级古籍修复技艺传习中心江苏传习所在南京大学仙林校区杜厦图书馆举办以"化浆为纸，古法传今——蔡伦造纸DIY"为主题的造传统手工纸体验活动。

10月，"淮阴师范学院古籍保护工作十周年"系列活动拉开帷幕。活动由"砥砺前行保护古籍 传承文明服务师生——淮阴师范学院图书馆古籍保护十周年成果展""缥缃聚珍——淮阴师范学院图书馆藏古籍精品图片展""木石流韵——淮阴师范学院图书馆藏拓片精品图片展"及"特藏图书阅览室开放日"4个部分组成。本次活动持续到2017年年底。

11月6—9日，第二十期江苏省古籍保护工作培训班在泰兴市图书馆朱东润故居举办，泰兴市图书馆馆长周晓季主持了开班典礼，泰兴市文广新局局长冯军致欢迎辞。全省古籍收藏单位编目人员及金陵科技学院古籍保护志愿者30余名学员参加了此次古籍普查培训。

11月16日，"苏州版刻牌记展"在苏州图书馆开幕。苏州是我国刻书业的发祥地之一，这些版刻牌记凝聚了古代苏州刻书人的心血和汗水，也见证了苏州刻书业的发展历程。

11月17—12月13日，值南京图书馆建馆110周年之际，也是国家正式启动"中华古籍保护计划"的第10个年头，江苏省古籍保护中心举办了"锐意进取 砥砺前行——江苏省古籍保护事业十年工作成果回顾"展览。

2018 年

1月12日，江苏省古籍保护中心、江苏省图书馆学会第七届古籍整理与文献保护专业委员会在南京中医药大学联合举办了"江苏古籍保护事业发展十周年纪念座谈会暨2018年江苏省古籍保护工作会议"。江苏省文化厅公共文化处处长杨树发、南京图书馆副馆长、江苏省古籍保护中心主任全勤做了总结发言。来自全国（江苏）古籍重点保护单位分管领导、江苏省图书馆学会第七届古籍整理与文献保护专业委员会委员及省古籍保护中心相关人员共40余位代表参加了会议。

2月1日，江苏茶文化特色资源建设暨《中国茶文化资料集成·江苏卷》编纂工作第二次工作会议在南京图书馆举行。会议传达了1月份在绍兴召开的《中国茶文化资料集成》总编委工作会议精神，要求今后江苏茶文化的工作重心要从以整理馆藏古籍和民国文献为主逐渐转移到以搜集现当代茶系、茶师、茶馆和茶庄等信息资料的方向上来。

3月22日，2018年全国高校图书馆古籍保护与整理工作研讨会暨《南京大学图书馆藏古籍珍本丛刊·稿钞本卷》新书发布会在南京大学仙林校区杜厦图书馆召开。此次研讨会由南京大学图书馆、南京大学出版社共同主办，南京大学文学院、南京大学古典文献研究所协办。南京图书馆副馆长全勤出席活动并发表贺词。来自全国26所高校图书馆古籍（特藏）部负责人以及校内外专家学者共50余人参加了会议。

3月29日，由国家图书馆主持召开的民国时期文献保护工作座谈会在北京举行。来自全国省级图书馆的代表，档案馆、高校以及各研究机构的专家学者近50人参加了会议。会议旨在深入推进"十三五"时期民国文献保护相关工作，国家图书馆常务副馆长陈力主持会议，南京图书馆副馆长全勤出席会议并作主题发言。

3月29日，中国古籍保护协会一届四次理事会（2018年年度会议）在广州市中山大学图书馆召开，来自全国古籍存藏、修复保护、整理出版等领域的70余位理事和代表出席会议。江苏省古籍保护中心荣获实施"2017年中华古籍普查文化志愿服务行动"表彰。全国共有10家单位获此荣誉。

4月4日，《江苏经籍志》中期成果专家论证会在南京图书馆举办。南京大学图书馆馆长程章灿教授、南京师范大学文学院江庆柏教授、凤凰出版社姜小青社长、江苏省哲学社会科学规划办公室汪桥红副主任应邀参会。南京图书馆徐小跃馆长、全勤副馆长，以及《江苏经籍志》项目子课题负责人与部分课题组成员出席了此次会议。

4月16—20日，由台湾古籍保护协会主办的"第六届古籍保护与流传学术研讨会"在台北召开。来自海峡两岸从事古籍整理保护与研究的专家学者、图书馆馆长共70多人参加了会议。南京图书馆副馆长、江苏省古籍保护中心主任全勤、南京图书馆历史文献部副主任周蓉应邀参加会议，并分别以"科学构建三位一体江苏古籍保护人才培养体系""南京图书馆藏未刊稿本集成"为题做了大会发言。

4月20日，"江苏省古籍修复高级研习班暨张士达先生古籍修复技术研讨会"在南京大学图书馆开班。本次研习班由江苏省文化厅非遗处、江苏省古籍保护中心主办，南京大学图书馆承办，鼎纳科技有限公司协办。来自全国各古籍保护单位的30余名学员参加本次研习班的培训。

4月23日，世界读书日系列活动之"指尖上的记忆——抢救古籍我们在行动"在南京大学鼓楼校区图书馆举行。本次活动恰逢"江苏省古籍修复高级研习班暨张士达先生古籍修复技术研讨会"在南大举办，活动邀请到来自全国各图书馆的古籍修复师现场展示古籍修复技艺。

4月24日，由国家古籍保护中心、江苏省古籍保护中心联合举办的"第七期全国古籍修复技术培训提高班暨第二十一期江苏省古籍保护工作培训班"在南京市莫愁中等专业学校开班。南京图书馆副馆长、江苏省古籍保护中心主任全勤，南京市莫愁中等专业学校副校长章学军，南京图书馆历史文献部主任陈立，国家图书馆副研究馆员、江苏省古籍修复传习所导师朱振彬及培训班学员共30余人参加了开班仪式。来自全国各省、市图书馆，高校，文博系统等单位的24位修复业务骨干参加培训，学期一个月。

4月26日，全国省级古籍保护中心工作会议在国家图书馆召开，全国31个省、自治区、直辖市古籍保护中心的负责人参加会议。文化和旅游部公共文化司副司长陈彬斌、国家古籍保护中心副主任张志清、中国古籍保护协会会长刘惠平出席会议。南京图书馆副馆长、江苏省古籍保护中心主任全勤出席会议，并在会上做了"全面普查江苏存藏古籍，传承中华优秀传统文化"专题发言。

4月26日，"张士达先生古籍修复技术研讨会"在南京大学鼓楼校区图书馆召开。本次研讨会由江苏省古籍保护中心与南京大学图书馆主办，鼎纳科技有限公司协办。张士达先生的弟子们（甘肃省图书馆师有宽，南京图书馆毛俊义，中山大学图书馆潘美娣，国家图书馆朱振彬、刘建明、刘峰，江西省图书馆温柏秀，南京图书馆杨来京，南京大学图书馆邱晓刚），南京莫愁职业学校特级教师戴学彦，甘肃省古籍保护中心修复科科长何谋忠，中山大学古籍修复传习所导师助理肖晓梅，栖霞寺净善法师，张士达先生的亲属，鼎纳科技有限公司副总经理刘黔以及来自全国各古籍保护单位的30余名江苏省古籍修复高级研习班的学员出席了该研讨会。

5月，南京图书馆获评首批"南京市职业教育产教融合企业"并参加了授牌仪式。该评选活动由南京市教育局主办。南京图书馆的合作学校为南京市莫愁中等专业学校，2001年双方签订合作办学协议，设立了古籍修复专业。

5月11日，国家级古籍修复传习中心江苏传习所揭牌暨朱振彬导师收徒仪式在南京图书馆举行。国家图书馆副馆长、国家古籍保护中心副主任张志清，南京图书馆馆长徐小跃出席活动，并共同为国家级古籍修复传习中心江苏传习所揭牌，南京图书馆副馆长全勤主持了仪式。

5月24日，来自"一带一路"35个国家的43名青年代表齐聚南京图书馆，开启了"2018名城会文学出版板块文化交流参访活动"的序幕。青年代表们参观了国学馆及古籍修复馆，并向南京图书馆捐赠书籍。

5月25日，江苏省古籍保护中心在莫愁中等专业学校举办的第七期全国古籍修复技术提高班暨第二十一期江苏省古籍保护工作培训班结业，此期培训班为期33天，来自全国20多个省份的公共图书馆、高校图书馆及文物系统的25位学员参加了培训。修复理论和实践课程由国家图书馆副研究馆员、江苏省古籍修复传习所导师朱振彬和南京图书馆副研究馆员杨来京共同承担。

5月26—27日，在"图书馆服务宣传周"到来之际，南京图书馆举办了主题为"中国古代印刷文化"的"非遗日"特别活动。全天推出的两场活动分别从雕版印刷和活字印刷两个方面入手，将知识讲解与实际操作相结合，带领小读者们开启了一场别开生面的古代印刷文化之旅。

6月1日，历时两天的2018年中国图书馆年会——中国图书馆学会年会·中国图书馆展览会在河北省廊坊市圆满闭幕。在这场我国图书馆界层次最高、规模最大的年度盛会上，我省图书馆学会、省市县图书馆150余人积极举办各类活动，参加各类学术研讨，并获得多个奖项。在"中国记忆项目资源共建共享暨'中国图书馆界重要人物专题'交流"分会场，全勤副馆长以"南京图书馆沈燮元和卢子博口述历史项目的意义和价值"为主题做交流发言。

6月7—8日，由上海图书馆、国家图书馆出版社、上海大学共同主办，上海图书馆《图书馆杂志》社等协办的"回眸与展望：2018民国时期文献整理与研究国际研讨会"在上海师范大学召开。来自美国及北京、天津、河北、江苏等10余个省市自治区及上海地区的图书馆、出版社等业界同仁230余人参会。南京图书馆副馆长全勤参加了此次会议，并以"馆藏民国时期文献整理与保护之发展新进程"为题，介绍了南京图书馆近年来对民国时期文献保护整理与利用的相关情况，并主持了有关专题报告。

6月19日，江苏省人民政府正式发文，公布第四批《江苏省珍贵古籍名录》和"江苏省古籍重点保护单位"（苏政发〔2018〕76号）。此次

江苏省共有 414 部珍贵古籍入选第四批江苏省珍贵古籍名录，1 家单位（淮阴师范学院图书馆）入选"江苏省古籍重点保护单位"名单。

6 月 19 日，《南京图书馆藏未刊稿本集成》首发式暨《江苏文库》珍贵文献使用合作签约仪式在南京图书馆举行。全书总体量预计将达到 400 册。目前与大家正式见面的《经部》收录稿本 80 余部，涉及经部文献各个小类，共 66 册。后续史、子、集、丛各部将陆续由凤凰出版社依序出版。

6 月 20—29 日，"多彩非遗·美好生活"非遗展在无锡市图书馆展出。展览以 50 幅展板的形式向市民介绍了《保护非物质文化遗产公约》《中华人民共和国非物质文化遗产法》《江苏省非物质文化遗产保护条例》、无锡市国家级非遗项目、非遗进校园活动及无锡市非遗工作等重要成果。

6 月 25—29 日，在江苏省古籍保护中心老师带领下，金陵科技学院古文献专业 8 位同学和 4 位老师作为古籍保护志愿者，对南京师范大学文学院的未编古籍进行了第一次普查，共编目 327 部 1847 册。这批志愿者将于 7 月 9 日被中华古籍保护协会调派至上海地区帮助进行古籍普查工作，秋季回来继续完成南师大文学院的古籍普查工作。

6 月，国家图书馆公布了 2018 年获批立项的"民国时期文献整理出版"项目，南京图书馆申报的《南京图书馆藏民国时期地方自治出版物汇编》及《南京图书馆藏东亚同文书院图书馆日文文献目录》成功入选。

6 月，为配合 2018"文化和自然遗产日"的活动主题——"古籍修复技艺进校园"，江苏省南京市、常熟市、盐城市等地区的多家公共图书馆、高校图书馆、职业中专等单位积极行动，举办了一系列丰富多彩的古籍保护宣传活动。

7 月 13 日，《苏州博物馆藏古吴莲勺庐戏曲抄本汇编》首发推介会在苏州博物馆古籍图书馆召开。国家古籍保护中心办公室管理组组长洪琰参加会议并致辞。国家图书馆出版社总编辑殷梦霞、苏州博物馆党总支书记钱兆悦共同为新书揭幕，"古吴莲勺庐抄本"为清末民国苏州人张玉森

（古吴莲勺庐主人）遍访大江南北，收藏、抄录的历代戏曲（传奇、杂剧）数百种，多有失传已久的孤本、稀见本。20世纪30年代张氏藏书散出，郑振铎闻讯赶赴苏州，挑选其中罕见者近百种购藏。二十世纪五十年代，张玉森所撰《传奇提纲》原稿8卷以及郑氏选馀之一百余种古吴莲勺庐抄本入藏苏州博物馆。

7月，暑假来临，南京图书馆历史文献部结合馆藏资源，精心设计、开展了系列古籍推广活动，并结合直播平台等媒体让更多读者走近古籍、了解传统文化。活动内容包括：直播平台揭秘古籍修复室、古籍里的"秘密花园""衣食住行话古今"，线上线下参与者超过15000人。

7月21日，由上海图书馆、无锡市图书馆、北京画院美术馆、李苦禅纪念馆和李苦禅美术馆主办的"从金石元素到金石魂魄—李苦禅藏金石碑帖拓本图片展"在无锡市图书馆展出。本次展览共精选李苦禅旧藏的50余件金石碑帖拓本制成展板展出，展览持续到8月15日。

8月，由江苏省文化厅、江苏省古籍保护中心联合主编的《江苏第五批国家珍贵古籍名录图录》正式出版。

11月22日，由南京图书馆主办的2018古籍整理与保护学术研讨会以"传承·融合·发展"为主题，深入探讨新时期古籍整理出版与保护工作。来自全国公共图书馆、高校等业内专家，文献研究学者及科技行业骨干齐聚一堂、广泛交流。3场报告会分别由南京图书馆副馆长许建业、全勤，南京图书馆党委副书记姚俊元主持。文化和旅游部公共服务司副司长陈彬斌，国家图书馆副馆长、国家古籍保护中心副主任张志清，鼎纳科技有限公司董事长张世著，南京农业大学信息学院教授黄水清，南京大学图书馆馆长程章灿，金陵科技学院文献保护研究所所长葛怀东，山东省档案局原技术处长、鼎纳科技有限公司总工程师孙洪鲁，南京图书馆原馆长徐小跃分别作了精彩报告。

11月22日，《南京图书馆藏稀见书目书志丛刊》暨《沈燮元文集》

首发式在南京图书馆负一楼学术报告厅举行。《南京图书馆藏稀见书目书志丛刊》共 68 册，收书 142 种，所选之书包括公藏目录、私藏目录、贩书目录、经眼目录、禁毁目录等，不拘形式，唯以"稀见"为鹄。由国家图书馆出版社出版的《沈燮元文集》，收录先生自 20 世纪四五十年代至今发表、撰写的论文、图书、序跋等 20 余种。

11 月 22 日，国家图书馆（国家古籍保护中心）、江苏省文化和旅游厅共同主办，南京图书馆（江苏省古籍保护中心）特别承办的"册府千华——江苏省藏国家珍贵古籍特展"在南京图书馆开展。此次特展，作为江苏公藏之首的南京图书馆遴选出包括宋元古椠、明清佳刻、碑帖印谱、精写旧抄等 200 部珍贵善本，以古代传统目录体系分为经、史、子、集四类展出，体现出古籍的类别划分和脉络延续。展期持续一月，"江苏省古籍保护十周年成果展"同期举行。

12 月 3 日，"江苏文脉整理与研究工程"重要成果之一《江苏文库》首批图书，在首届江南文脉论坛开幕式上发布。省委常委、无锡市委书记李小敏，省委常委、宣传部部长王燕文向南京图书馆等 8 家图书馆代表赠书。"江苏文脉整理与研究工程"于 2016 年正式启动，计划历时 10 年，整理出版 3000 册《江苏文库》图书，系统梳理江苏文献典籍资源，摸清江苏籍学人在历史上的著述情况，以及历史上记述江苏的著述情况。《江苏文库》由书目、文献、精华、史料、方志、研究六编组成，既是古今有关江苏的各类文献与史料的集成，也是对江苏文献典籍资源的完整收录。此次发布的《江苏文库》首批图书，共计 86 册。分别是"文献编"38 册、"精华编"11 册、"史料编"5 册、"方志编"27 册、"研究编"5 册，其中既有珍贵历史文献，又有当代学者的文献整理与学术研究。

12 月 11 日，苏州市古籍保护中心在张家港市图书馆组织召开了 2018 年苏州市古籍保护工作座谈会。本次会议由张家港市图书馆承办，苏州图书馆、苏州大学图书馆、常熟图书馆、吴江图书馆、苏州博物馆、常熟博

物馆、吴中区图书馆、太仓市图书馆、苏州戏曲博物馆、昆山市文管所、西园寺图书馆、苏州市第五中学图书馆等 10 余家古籍收藏单位的相关负责人及工作人员 20 余人参加了会议。

12 月 21 日，《常熟文库》编纂启动暨铁琴铜剑楼"典籍回家"仪式在江苏常熟举行。国家图书馆出版社组织来自高校、图书馆领域的专家学者汇聚一堂，共同畅论两个项目的重大文化意义。《文库》将系统整理常熟重要的地方文献，预计选录常熟 1911 年前邑人著述，包括学术著作、诗文集、戏曲、小说、随笔、杂记、印谱、琴谱、书目等 500 多种，采用影印加提要的方式（精装 80 册，上下双栏）来编纂《常熟文库》，充分挖掘常熟历代学术著述成果，展示常熟深厚历史文化。

12 月 29 日，"苏州藏书家印鉴展"在苏州图书馆主楼大厅开幕。苏州市古籍保护中心结合古籍保护工作，广泛搜集了苏州藏书家的相关印鉴，组织了这次展览。这些印鉴铭记着藏书家们的丰功伟绩，也见证了苏州藏书史的辉煌历程，虽然只是沧海一粟，但从中亦可收到窥一斑而见全豹之效。本次展览分两期展出，2019 年 1 月 16 日将举办第二期，展出地点不变。

后　记

　　江苏素享人杰地灵、文教昌明的美誉。书林之盛由来已久,私家藏书富甲天下,迄于近代,又有以江南图书馆为代表的众多公共图书馆崛起于斯,流播典籍,惠泽江淮,孕育出博大精深且独具风采的江苏文化。而今藏书、护书、用书之风犹存,新时代的江苏古籍保护事业在传统文化与现代文明有机融合的基础上,不断开拓演进,致力于汲取历史文化的源头活水,汇成波澜壮阔、生生不息的文化江河。

　　党的十九大报告赋予了中华优秀传统文化全新的时代内涵,将其熔铸为实现中华民族伟大复兴的精神力量。2018年正式施行的《中华人民共和国公共图书馆法》明确了公共图书馆传承发展中华优秀传统文化的重要职责。"睹乔木而思故家,考文献而爱旧邦"。古籍文献是优秀传统文化的重要载体,全社会对古籍文献的保护和利用也提高到了前所未有的历史高度。肇始于2007年的"中华古籍保护计划"在古籍保护事业史上具有里程碑式意义,它的施行使中华大地上的浩瀚古籍有了国家层面的政策与制度保障。十几年的奋斗历程里,江苏古籍保护事业在省委省政府的高度重视和关心支持下取得长足发展,多项成果在全国处于领先地位。

　　为全面梳理和展示全省"中华古籍保护计划"成果,彰显各古籍收藏单位在传承中华优秀传统文化中所起的重要作用,江苏省古籍保护中心策划出版此书,旨在通过文字和图片,展示全省古籍普查、分级保护、学术

研究、古籍存藏、人才培养、古籍修复、数字文献、保护宣传等方面取得的成就。书中所载皆来源于各家单位的工作业绩和真实写照，总结了丰富实践和宝贵经验，见证了探索成长的脚步，既是工作成果的全记录，也是一份向全社会进行汇报的成绩单。全省上下以经年之积累，尽皓首之精力，播火传薪，聚沙成塔，开创了古籍保护事业新局面。故借此书向所有为古籍事业奋斗的人们致以崇高敬意。

古籍保护的道路没有终点。我们将辉煌载入史册，用信心开启未来，继续以臻于至善之精神，充分发挥江苏古籍的独特优势，拓展传统文化保护的内涵，适应本省古籍保护发展的需要，深入开展古籍研究、开发和推广等工作，努力提升服务保障水平，推进全省古籍保护工作稳定有序发展，为中华优秀传统文化的振兴繁荣贡献力量！

编　者

2018 年 12 月